17,- f 12,-

Im Kreislauf des Jahres

Werkbuch zur religiösen Früherziehung
Herausgegeben von Wolfgang Longardt

Gütersloher Verlagshaus Gerd Mohn

CIP-Kurztitelaufnahme der Deutschen Bibliothek

Im Kreislauf des Jahres: Werkbuch zur religiösen Früherziehung / hrsg. von Wolfgang Longardt. – 1. Aufl. Gütersloh: Gütersloher Verlagshaus Mohn, 1978.
ISBN 3–579–04586–5
NE: Longardt, Wolfgang (Hrsg.)

ISBN 3–579–04586–5

Umschlagentwurf: Franz Wöllzenmüller, Unterhaching
Gesamtherstellung: Mohndruck Reinhard Mohn OHG, Gütersloh
Printed in Germany

Inhalt

Ein Wort zuvor

Der Bitte des Gütersloher Verlagshauses Gerd Mohn, einen Sammelband der interessantesten »was + wie?«-Modelle zusammenzustellen, bin ich gern nachgekommen. Immer wieder erreichen den Schriftleiter Bitten und Anfragen nach längst vergriffenen Heften früherer Jahrgänge. Aber auch jene Praktiker, die häufig mit den vierteljährlich erscheinenden Heften arbeiten und schließlich nur noch arg zerlesene und strapazierte Exemplare in der Hand haben, bitten um Nachlieferungen, die oft nicht zu erfüllen sind.
Bei der Auswahl habe ich versucht, jene Modelle und praxisbezogene Beiträge auszuwählen, denen Impulscharakter zuzuschreiben war oder ist.
Zum Verständnis der hinter diesen Beiträgen stehenden religionspädagogischen Zeitströmungen und Entwicklungen dient zunächst ein Einführungskapitel. Den 18 Modellen ist ein Kapitel über Gebrauch, aber auch Mißbrauch dieser »was + wie?«-Anregungen angefügt.
Ein Stichwortverzeichnis und eine Zusammenstellung der grundlegenden, mehrfach in diesem Werkbuch zitierten religionspädagogischen Literatur sollen für Ausbildung, Fortbildung und tägliche Praxis den Umgang mit diesem Band erleichtern.

Wolfgang Longardt

Die Modelle auf dem Hintergrund religionspädagogischer Entwicklungen und Strömungen

Als 1972 das erste Heft einer neuen Zeitschrift für die religiöse Erziehung der Vier- bis Siebenjährigen unter dem Titel »was + wie?« erschien, gab es in beiden christlichen Kirchen nur eine sehr begrenzte Zahl von Religionspädagogen für diese Altersstufe.

Aber auch damals schon erkannte man insbesondere auf dem Feld der Kindergarten- und Kindertagesheimarbeit eine große Herausforderung zum religionspädagogischen Handeln. Sie wurde in der Regel von Katecheten und Theologen, die sich dabei auf ihren pädagogischen Instinkt oder ihr Talent verließen, wahrgenommen, indem man theologische Inhalte ein wenig schlichter ausdrückte, aber seine Hauptaufgabe darin sah, möglichst früh, möglichst viel literarisch-theologische Botschaft (biblische Geschichten) zu vermitteln. Die Mitte der 60er Jahre erschienenen ersten Versuche, die Grundbedingungen kindlicher Religiosität darzulegen – etwa bei M. Langeveld (Kind und Glaube, Braunschweig 1964) oder bald danach bei M. Leist (Erste Erfahrungen mit Gott, Freiburg 1971) und R. Goldman (Vorfelder des Glaubens, Neukirchen 1972) –, blieben noch einige Jahre wenig beachtet.

Erst die allgemeine Vorschuldebatte brachte in Verbindung mit der Sozialisationsforschung und ihrer Übertragung auf das religiöse Lernen (siehe H. J. Fraas) auch unter Pastoren, Erziehern und Eltern ein wachsendes Interesse an neueren Wegen der religiösen Früherziehung.

Impulse der angelsächsischen Religionspädagogik, die bei den Bedürfnissen und Aktivitäten des Kindes ansetzt (Goldman), der niederländisch-reformierten Konzeptionen, die die Entdeckerfähigkeit des Kindes und die Wichtigkeit eigener stimulierender Erlebniswelt betont (siehe M. J. Langeveld und J. H. Huijts), und solche aus der katechetischen Praxis der französischen katholischen Katechetik, die vor trockenen lebensfernen Inhalten warnen und der intensiven Teilhabe des Kindes am Leben, im Kontaktaufnehmen mit Menschen und Dingen das Wort reden, schlugen sich sowohl in der Kindergottesdienstpraxis als auch in neuen Versuchen im Kindergarten nieder.

Die Herausgeber von »was+wie?« wollten vom ersten Erscheinen der Zeitschrift an der sich neu gestaltenden Praxis religiöser Früherziehung Impulse und Hilfen geben. In Einschätzung der Erwartungen der Praktiker und ihrer Scheu vor allzu vielen theoretischen Gedankengebäuden wurden die notwendigen pädagogisch-theologischen Überlegungen auf ein Mindestmaß reduziert. Es sollte nicht, wie in anderen religionspädagogischen Bereichen, durch eine mit wissenschaftlicher Akribie und einem Übereifer an Begriffen und Termini, die hier fehl am Platz gewesen wären, eine Modellflut in praxisfremder Sprache entstehen, die den Graben zwischen Theorie und Praxis gefährlich vertieft.

Da zudem erst in Konturen die Konzepte neuer religiöser Früherziehung, die sinnvoll das pädagogische Gesamthandeln durchpulst und trägt, sichtbar werden, kommt der theoretischen Darstellung gewiß kein Vorzugsrecht zu. Vielmehr bedarf gerade die nun wachsende theoretische Begründung neuen religionspädagogischen Handelns ständiger Praxisimpulse. Nach und nach werden für Phänomene heutiger katechetischer Praxis, besonders der kreativen und der meditativen, neue theoretische Begriffe und Begründungen entstehen müssen.

Hier ist die neue religiöse Erziehung, insbesondere in ihren musisch-intuitiven Gestaltungsformen, ein wenig der »neuen Musik« vergleichbar, die lange Jahre praktiziert wurde, bis eine Theorie nachgewachsen war. – Und, um beim musikalischen Vergleich zu bleiben, der Musikpädagoge wehrt sich mit Recht, wenn ein Musikwissenschaftler »in Reinkultur« ihm etwa das spielerische Umgehen und Übertragen Mozartscher Musik auf heutige neue Kinderinstrumente ankreiden würde. Disziplinen müssen bei aller Dialogfähigkeit und dem nötigen Lernen voneinander auch »mündig« werden, indem sie ihre eigenen Wert- und Zielvorstellungen artikulieren und praktizieren. So hat sich auch die religiöse Früherziehung schon ein Stück von der Theologie, insbesondere vom »Überanspruch der Textwissenschaften« gelöst. Dies wird in neuem Erzählen, Umspielen, Ausspielen und Übertragen biblischer Elemente deutlich.

Die Kreativitätsdebatte hat hier ebenso wie die Lerntheorie wertvolle Hinweise gegeben (man vgl. dazu M. Mead, J. P. Guilford und O. Skowronek). Mit allen Imaginations- und Phantasiekräften müssen Kinder sich ihre Lernentdeckungen erobern. Wenn die Kirche glaubt, daß Worte allein das Evangelium ausrichten und vermitteln, wird sie sich den Vorwurf der Lieblosigkeit und Unbarmherzigkeit gefallen lassen müssen. Jesus praktizierte mehr Anschauung und ganzheitliches Erfahren als eine allein akustisch-literarische Vermittlung vergangener Katechetik. Wenn Kinder etwas lieben lernen sollen, damit es ganz ihr Eigentum wird, müssen sie damit »hantieren«, es in die Hand nehmen können, verändern und ausbauen dürfen.

W. Neidhart hat dazu entscheidend beigetragen, das ängstliche, vielleicht sogar kleingläubige, am Originaltext klebende Erzählen zu überwinden. Sein Begriff der »Phantasiearbeit« (in Rissener Modellen wird von »gehorsamer Phantasie« gesprochen) befreit von den Maximalforderungen älterer Erzählpraktiken. Geschichten haben Schichten; wer aber immer nur mit den Mitteln der Vergeistigung zum Kern, zum sogenannten Zielpunkt hinsteuern will, wird sich unter diesem Druck kaum in seiner Phantasiearbeit entfalten können, um bei den Kindern ein vitales »inter-esse« zu erreichen. Neidhart und Eggenberger machen in ihrem Erzählbuch zur Bibel Mut, sich für das Hinein-Spielen in Jesus-Geschichten und solche des A. T. seiner Phantasie zu bedienen, weil unsere »Phantasiearbeit überhaupt nicht für die wissenschaftliche Diskussion bestimmt ist, sondern für das gedankliche Spiel der Kinder«[1].
Freilich wird man nicht jedes »was + wie?«-Modell schon nach diesen Phantasiekriterien messen dürfen, aber aus dem übermächtig fordernden Schatten der biblischen Textwissenschaftler beginnen wir herauszutreten, um der Kinder willen und ihrer Neugier auf das Evangelium. So wie in den letzten Jahren ein Gottesdienst der Kinder entstanden ist, in dem nicht mehr die momentane Art des Erwachsenengottesdienstes zum Ziel und Maßstab der Dinge erhoben wird, so wird auch das Entfalten biblischer Geschichten, vermutlich in elementarisierter Vorform, und das Einbinden dieser Ermutigungen und Hoffnungen in alltägliche Erfahrensweisen Wege gehen müssen, auf denen die Schultheologie nur zögernd folgen dürfte – vielleicht weil sie noch neue Denkkategorien und Termini finden muß, die zunächst für Erwachsene so geschriebenen und komprimierten Texte nun schöpferisch und sensibel umzudenken.
Jesus weist auch mehrfach darauf hin (vgl. Markus 10), daß Kinder uns in vielem voraus sind und noch Fähigkeiten besitzen, die Erwachsenen später verlorengehen; wenn dies z. B. für das Wiederentdecken ganzheitlicher Formen des Gottesdienstfeierns schon fruchtbar geworden ist, könnte mehr und mehr auch das Erschließen und Einbetten biblischer Kerngeschichten aus der Elementararbeit »modellhaft« werden für andere kirchliche Zielgruppenarbeit.
Der nun skizzierte Entwicklungshintergrund und mögliche Trend ist vielleicht hilfreich, gerade die ungewöhnlichen »was + wie?«-Modelle zu verstehen. Die Breite der Autoren garantiert dabei auch ein weites theologisches Spektrum; selbst bei den theoretischen Beiträgen konnte man in den zurückliegenden Zeitschriftenjahrgängen eine die Diskussion fördernde Meinungsbreite finden: von Friedrich Bargheer über Helmut Ruhrberg, Hans Büscher, Gerhard

1. Walter Neidhart, in seinem zusammen mit Hans Eggenberger in den Verlagen Benziger/Zürich und Ernst Kaufmann/Lahr herausgegebenen »Erzählbuch zur Bibel«, S. 38.

Rödding bis zu Hans May, Hermann Niederbremer, Helmut Kiewning und Wolfgang Longardt. Wer die Modelle aufmerksam vergleicht, auch gerade auf das Prinzip des keimhaften und exemplarischen Arbeitens und des Einbettens in die Lebensvorgänge, wird auch Entwicklungen feststellen, obwohl aus Praxisgründen hier alle Beiträge jahreszeitlich geordnet sind.
Es bleibt zu hoffen, daß die Entwicklung einer neuen elementaren Religionspädagogik nicht auf halbem Wege steckenbleibt, doch die Bemühungen des Comenius-Institutes und des »Diakonischen Werkes« in ihren Förderprogrammheften (vgl. dazu im Schlußkapitel S. 161) versprechen ebenso eine sich steigernde Lernbereitschaft bei Trägern und Erziehern wie die in einigen evangelischen Landeskirchen praktizierten religionspädagogischen Ergänzungsausbildungen, die sowohl viel Raum zur Klärung eigener biblisch-theologischer Fragen geben, als auch das in der Fachschulausbildung früherer Tage zu kurz gekommene religionspädagogische Handlungsinstrumentarium vermitteln[2].

2. Man vgl. dazu den Beitrag in »was+wie?«, Heft 2/77, über religionspädagogische Ergänzungsausbildungen für Erzieher und Sozialpädagogen.

Modell 1

Spuren – Spuren – Spuren

Ein religionspädagogisches Modell in drei Teilen

Zielvorstellung

Die Kinder sollen offen dafür werden, Spuren in vielerlei Gestalt zu entdecken, neben denen von Dingen und Tieren auch solche von Menschen, zum Beispiel von den Freunden Jesu. Alter der Kinder: 5–7 Jahre.

Einführung

Dieses Modell läßt sich zu allen Jahreszeiten realisieren, besonders schön natürlich zu Beginn eines neuen Jahres. Die Spuren des alten Jahres (seiner Abschiedsfeier, seiner Feste) sind noch vorhanden, und schon gehen wir ins neue Jahr wie »in ein unbetretenes Land« und hinterlassen dort unsere Spuren. Sollte sogar in den ersten Januartagen Schnee liegen oder ein paar Tage später, so könnten die ersten »Spuren-Spiele« dort stattfinden. Aber Spuren sind überall zu finden. Zum Beispiel: wir sehen vielleicht ein mit Schokolade verschmiertes Gesicht und wissen, daß wir eine Naschkatze vor uns haben.
Bemerken wir Schmutzspuren auf dem Teppich, dann forschen wir ärgerlich nach der Ursache.
Über eine Narbe am Bein erschrecken wir vielleicht.
Eigentlich geschieht nichts um uns herum, das nicht Spuren hinterläßt. Doch sind die Spuren nicht immer leicht zu erkennen, und oft vergehen sie schnell oder werden durch andere Ereignisse beseitigt. So mannigfaltig die Spuren sind, so unterschiedlich beeindrucken sie uns und rufen die verschiedensten Reaktionen hervor.
Wenn wir mit den Vorschulkindern Spuren verfolgen wollen, dann bemühen wir uns, die Kinder aufmerksam zu machen auf Vorgänge um sie herum, damit sie Spuren sehen lernen, Spuren selber machen und Folgen ihres Verhaltens

bestimmen lernen und Spuren deuten lernen und ihr eigenes Verhalten überprüfen lernen.

Spuren sehen und deuten

1. Ausflug durch den Stadtteil in kleinen Gruppen

Wir machen einen »Spurensammelwettbewerb«. Welche Gruppe beobachtete die meisten Spuren?
Frage: Was sind Spuren? Auf dem Tisch liegen Brotkrümel. Auf meinem Rock ist ein Fleck, vor dem Waschbecken sind Wassertropfen. So, wie wir schon in unserer nächsten Umgebung Spuren finden, so gibt es auch draußen Spuren. Ich bin gespannt, was wir da alles finden werden.
Nach dem Ausflug: Wir fanden Farbspuren, Glassplitter, Beulen an Autos, beschädigte Mauern, Blutspuren ...
Über jede Spur wurden Vermutungen angestellt, was da wohl passiert sein könnte.

2. Spurenratespiel

Der Raum wurde von der Leiterin vorbereitet:
a) am Boden war Mehl verstreut,
b) auf dem Tisch lagen Rückstände vom Bleistiftspitzen,
c) auf dem Fensterbrett steht ein Teller mit Kuchenkrümel,
d) auf dem Stuhl liegt ein angebissener Apfel.
Die Kinder suchen Spuren und raten, wie diese Spuren gemacht wurden.

3. Bildbetrachtung

»Fußspuren im Sand«, aus Sachbuch »Von Gott« (Verlag Ernst Kaufmann, Lahr).
»Schmutzige Hände«, aus »Vorschulkinder« (Klett Verlag, Stuttgart).
»Tränen im Gesicht«, aus »Kinder aus aller Welt« (Hanns Reich Verlag, Hamburg).
Geeignetes Bildmaterial findet sich leicht auch in Illustrierten und Zeitungen. Es genügt eigentlich schon, wenn man sich auf ein einziges Bild beschränkt und mit den Kindern zu dem Bild eine Geschichte erfindet. Dabei zeigt sich, daß eine Spur oft verschiedene Deutungen zuläßt.

Spuren machen

1. Ein riesiger Bogen weißes Papier liegt auf dem Fußboden. Jan kann es nicht lassen, er muß schnell einmal darüberlaufen. Schon sind Spuren zu sehen von seinen Schuhsohlen. Jan hat große Füße, aber meine Füße sind noch größer. Sonjas Füße sind kleiner. Alle wandern über das Papier, bis der Bogen schön dreckig ist.
2. Nun muß ich noch einmal einen Bogen ausbreiten, denn ich wollte ein mutiges Kind bitten, mit nackten Füßen erst durch eine Wasserpfütze und dann über das Papier zu wandern, weil ich neugierig bin, was dann passiert. Es finden sich bald viele »mutige« Kinder, und ein lustiges Fußspurenmuster entsteht. In der Nähe der Wasserschüssel löst sich das Papier schon auf und wird zu Mus. Nun retten wir den Bogen und hängen ihn neben den ersten an die Wand.
3. Am nächsten Tag sind wir sehr erstaunt, auf dem Bogen mit den Wasserspuren ist nichts mehr zu sehen. Schade, die vielen Füße sahen so lustig aus. Aber wenn man statt durch eine Wasserpfütze durch eine Farbpfütze geht, müßten die Spuren auch sichtbar bleiben, nachdem sie getrocknet sind.

4. Ratespiel

Was passiert dann?

Wo Wasser fließt =	– dort wird es naß
Wo Feuer brennt =	– gibt es Asche
Wo gegessen wird =	– gibt es schmutziges Geschirr
Wo mit der Schere geschnitten wird =	– gibt es Papierschnipsel

Was war passiert?

Hier ist es naß =	– weil jemand mit Wasser gespritzt hat
Hier ist Asche =	– weil ein Feuer gebrannt hat
Hier ist ein schmutziger Teller =	– weil jemand gegessen hat
Hier liegen Papierschnipsel =	– weil jemand mit der Schere geschnitten hat

Die Kinder denken sich auch ähnliche »Rätsel« aus.

5. Detektivspiel

Ein Dieb hat den Sack voll Bonbons gestohlen. Aber der Sack hat ein Loch, und der Dieb hat auf dem Weg zu seinem Versteck einige Bonbons verloren. So finden wir bald das Versteck, den Sack und vielleicht auch den Dieb.

Spuren geben uns zu denken

1. Bildbetrachtung

»Gesicht eines alten Menschen«

Wir sehen ein Gesicht voller Falten und Runzeln.
Die Haare sind grau.
Dieser Mensch ist alt. Er lebt schon viele Jahre. Früher sah er anders aus.
Wodurch ist dieses Gesicht so verändert worden?

2. Bildbetrachtung

»Verbrannter Wald« aus einer Illustrierten

In diesem Sommer hat ein großer Wald gebrannt.
Die Sonne schien jeden Tag, es war sehr heiß, es regnete nicht.
Ein Feuer entstand. Schnell fing das Gras an zu brennen, dann die Büsche, dann die Bäume. Rundherum brannte alles, der ganze Wald.
Es war sehr gefährlich.
Menschen mußten das Feuer löschen. Sie hatten Angst, daß noch mehr Land brennen würde. Einige Menschen flüchteten. Aber andere hatten Mut. Ihnen tat der Wald leid, ihnen taten die Tiere leid, die im Wald lebten, und die Leute, die in der Nähe des Waldes ihre Häuser hatten. Darum arbeiteten sie und bekämpften das Feuer.

3. Bildbetrachtung

»Ein junger Mann führt einen Verletzten«, aus: Von Gott (Verlag Ernst Kaufmann, Lahr)

Manchmal braucht man die Hilfe eines anderen.
Dann ist man froh, wenn jemand da ist, der hilft.
Jesus wußte, daß jeder mal Hilfe braucht. Darum half er den Menschen.
In der Bibel steht: Jesus half den Menschen, die Hilfe brauchten.
Und Jesus sagte, daß jeder dem anderen helfen soll. In der Bibel steht, daß Jesus das gesagt hat.
Wenn wir sehen, daß jemandem geholfen wird, dann erinnern wir uns an Jesus.
Mit seinen Spuren ist es etwas Besonderes.

4. Buchbetrachtung

Die Leiterin bringt eine Bibel mit, vielleicht eine Kinderbibel mit Bildern. Sie erzählt: »Ich habe dieses Buch, es heißt ›Bibel‹. In der Kirche liegt auch eine Bibel. Auch der Pastor besitzt eine Bibel und sicherlich viele Eltern von euch.

Es gibt sehr viele Bibeln, und in allen stehen die gleichen Geschichten. Jeder sollte dieses Buch besitzen, damit die Geschichten, die darin stehen, nicht vergessen werden.
Es gab einmal Menschen, die hatten keine Bibel und kannten doch die Geschichten. Denn es waren die Menschen, die selber erlebt hatten, was uns in den Geschichten erzählt wird.
Der Petrus brauchte keine Bibel, um etwas von Jesus zu lesen, denn er kannte Jesus selbst. Und Matthäus kannte Jesus auch. Oft sagten die Leute: Matthäus, erzähle uns von Jesus. Und dann mußte er alles erzählen, was er wußte, was er mit Jesus erlebt hatte. Als Matthäus alt wurde, dachte er: Wer wird denn die Geschichten von Jesus erzählen, wenn ich gestorben bin? Dann werden die Menschen nichts mehr von Jesus hören, dann werden sie vergessen, was Jesus getan hat, und sie werden alles vergessen, sogar den Namen werden sie vergessen. Dann gibt es keine Erinnerung mehr an Jesus.
Aber dann hatte Matthäus eine gute Idee, er schrieb alles auf. Alles, was Matthäus von Jesus zu erzählen wußte, steht in der Bibel.
Die Bibel ist ein Erinnerungsbuch. Die Bibel ist eine Spur, die zu Jesus führt.«

Anmerkung

Später wird es darum gehen, noch andere Spuren Jesu und Spuren Gottes in der Welt zu entdecken.

Renate Heidner

Modell 2

Die Welt, die Gott uns gemacht und anvertraut hat

Eine Anregung für zwölf Arbeitseinheiten im Kindergarten

A. Theologische Vorbesinnung

Von der Schöpfung zu reden, scheint zunächst sehr einfach zu sein. Gott als Herrn der Natur sich vorzustellen, der die Blumen wachsen läßt und die Erde so wunderbar gemacht hat, wie sie ist, fällt uns leichter als von dem Gott zu reden, der in allem bei uns sein will. Daß unsere Erde ein wunderbarer Platz zum Leben ist, haben uns nicht zuletzt die Astronauten gesagt mit ihren Bildern von dem blauen Planeten auf schwarzem Hintergrund. Auch die Biologie ist entstanden aus dem Staunen über die Zweckmäßigkeit und Schönheit der Natur.

Ich glaube, wenn wir mit den Kindern Schöpfungstheologie betreiben, werden wir auch sehr leicht hineingeraten in eine reine Naturlehre. Es ist eine so dankbare Sache, vor den staunenden Ohren der Kinder über all die Wunder der Natur zu reden und sein überlegenes Wissen dabei zu demonstrieren, daß man leicht aus dem Sinn verliert, warum man denn das alles erzählt. Der Sinn einer solchen Einheit im Rahmen der religiösen Unterweisung ist es nicht, den Biologieunterricht vorwegnehmen und den Wasserhaushalt erklären, sondern den Glauben vermitteln, daß wir alles Gott zu verdanken haben und uns nur deshalb in dieser Welt wohl fühlen können. Das Ziel gerät leicht aus dem Blick wegen der Fülle des Materials, das wir vor den Kindern ausbreiten können.

Was sollen die Kinder also lernen? Ihre Einstellung zu der Welt der Natur soll sich dahingehend entwickeln, daß sie sich staunend bewußt werden, wie unser Leben eingebettet ist in einen wohlvorbereiteten Zusammenhang; daß sie dankbar werden, wie für uns gesorgt ist, und daß sie das zurückführen auf den »Schöpfer«. Beide biblischen Schöpfungszeugnisse gehen ja von dem Vorhandensein der Erde, speziell der »Phänomene« Wasser, Luft und Wärme, aus. Gott sorgt dafür, daß Leben auf der Erde möglich ist. Er hat es so eingerichtet, daß alles »funktioniert«. Der Vergleich etwa mit dem Uhrmacher, der die Uhr aufzieht und dann laufen läßt, führt dann natürlich zu der Frage: »Was tut er jetzt?« Die Welt läuft jetzt auch ohne ihn. Die Bibel antwortet darauf mit dem Bild vom Menschen als Stellvertreter Gottes, der in seinem Sinne (nach seinem »Bilde«) die Welt verwalten soll. Gott hat uns seine Welt überlassen. Das ist unsere Würde und Aufgabe!

B. Ziel der Arbeitseinheiten

Die Kinder sollen begreifen, daß die Welt ein Wunderwerk ist, dem ein Plan zugrunde liegt. Ihre Ordnung und ihre Vielfalt sind staunenswert. Sie ist ein Geschenk Gottes an uns, daß wir darin gern leben und gut mit ihr umgehen lernen.

C. Aufbau der Einheiten

Theologisch-pädagogische Information

Nach dem ersten biblischen Schöpfungszeugnis (1. Mose 1) wird das Schöpfungswerk in 7 »Tagewerke« unterteilt. Obwohl diese Einteilung in »Schöpfungstage« dem Prozeß wie ein Schema übergestülpt wurde, kann es sinnvoll sein, die Welt, so wie sie heute ist, mit Hilfe dieser Einteilung zu entfalten. Es soll dabei aber nicht um eine chronologische Reihenfolge der Entstehung unserer Erde gehen, sondern um Aspekte ihres Aufbaus. Deshalb geht der vorliegende Entwurf an dieser Einteilung entlang[1].

Didaktisch-methodische Vorschläge

Um in den Ablauf der Arbeitseinheiten einen Roten Faden hineinzubringen und zugleich der Gruppe ein gemeinsames Projekt zu geben, könnte man ein Riesen-Leporello auf einer Tapetenrolle anfertigen, das in 7 Kreisen die Schöpfung entfaltet.
(Material: Tapetenrollen, Packpapier etc.)

1. »Licht – Voraussetzung allen Lebens«

Nicht zufällig wird an den Anfang der Schöpfungsgeschichte die Erschaffung des Lichtes gestellt. Licht brauchen wir nicht nur für all das, was wir mit unseren Augen erleben (Farbe, Bilder, Schönheit, Orientierung), sondern ohne Licht gäbe es überhaupt kein Leben (Pflanzen brauchen Licht zum Assimilieren. Tiere brauchen pflanzliche Nahrung).

Die Kinder können die grundlegende Bedeutung des Lichtes erfahren, indem sie einmal mit verbundenen Augen durch den Raum tappen. Daran schließt sich ein Gespräch an, in dem auf all die Dinge hingewiesen wird, die wir ohne Licht nicht sehen könnten und die wir ohne Licht nicht tun könnten. Die Geschichte vom Maulwurf (siehe Anhang) soll anschaulich machen, was Licht für uns bedeutet; es ist ein Geschenk, daß wir im Licht leben können.
Schließlich wird das Licht als erster Kreis des Leporellos dargestellt: Eine dunkle und eine helle Hälfte[2].

2. »Himmel und Erde« oder »Der Wasserkreislauf«

»Da machte Gott Feste und schied das Wasser unter der Feste von den Wassern über der Feste. Und Gott nannte die Feste Himmel« (1. Mose 1, 7). Nach dem damaligen Weltbild war unsere Erdscheibe von Wasser umgeben, nicht nur an den Seiten, sondern auch unter der Erdkruste und über dem Himmel. Die »Feste« ist wie eine Membrane vorzustellen, die bei Regen durchlässig ist, aber uns einen Luftraum gewährleistet, in dem wir leben können. Diese »Feste« ist

Am Vortag dieser Arbeitseinheit stellen wir eine flache Schale mit Wasser auf die Heizung, das am nächsten Tag verdunstet sein soll. Wo ist das Wasser geblieben? Die Geschichte von dem Tropfen (siehe Anhang) macht an ein paar Beispielen deutlich, welchen Weg das Wasser nimmt und wozu wir es brauchen. Das kann im nachfolgenden Gespräch vertieft werden. Die Kinder sollen erkennen, wie abhängig unser Leben vom Wasser ist und wie dankbar wir sein kön-

1. Wenn Kinder später erahnen sollen, was das biblische Wort »Vor dir, Herr, sind tausend Jahre wie ein Tag« aussagt, empfiehlt es sich tatsächlich, hier nicht von »Tagen« zu reden.
2. Gerade im Anschluß an Weihnachten haben die Kinder noch eine elementare Beziehung zum Licht. Vergleiche:
   a) Spielbuch Religion (Benziger/Kaufmann). Lichtexperimente mit Vorschulkindern, Nr. 36,
   b) Malmappen Religion (Kaufmann). Die Blätter vom Licht und von den Lebensbereichen (beides in der Malmappe »Licht« enthalten).

der biblische Ausdruck dafür, daß das Wasser uns nicht ertränkt, sondern als lebensspendende Kraft zu Hilfe kommt. Darum ist es sinnvoll, an dieser Stelle vom Wasserkreislauf zu sprechen.

nen, daß es uns zu Gebote steht. Das Bild auf dem Leporello kann das Wasser eines Sees oder einer Regenwolke darstellen.

3. »Land und Wasser: Lebensgrund für Pflanzen«

An der Zusammenstellung von zwei »Werken« an einem »Tag« erkennen wir, daß die Einteilung in die 7 Wochentage auf die spätere Bearbeitung eines älteren Textes zurückgeht. – Die Trennung von Land und Wasser ist Voraussetzung für das Entstehen der Pflanzenwelt. Diese Trennung stellte man sich etwa wie die Entwässerung eines Meeres vor, das dann zu fruchtbarem Ackerland wird. Die Pflanzenwelt in ihrer Fülle und Vielfalt hat ihren Grund und ihr Maß in einem Plan. Die Freude an ihrer Vielfalt und das Staunen über die Sinnhaftigkeit sind deshalb das Lernziel dieser Arbeitseinheit.

Je nach Jahreszeit bieten sich eine Fülle von Projekten an: Sammeln von Blumen, Blättern und Früchten, Pflanzen von Erbsen im Blumentopf, Malen verschiedener Blumen und Pflanzen. Ein Gespräch über die verschiedenen Pflanzen, ihre Nutzbarkeit (Essen, Schatten, Dekoration) und ihre kunstvolle Gestaltung soll die Kinder für die Feinheit der Pflanzenwelt sensibilisieren.
Das Leporello wird ergänzt durch gemalte oder aufgeklebte Pflanzen.

4. »Die Gestirne oder: Die einzige Ordnung«

In der Darstellung des vierten Schöpfungswerkes ist eine deutliche Herabsetzung der Gestirne herauszuhören. Nicht nur die Tatsache, daß sie erst an dieser Stelle genannt werden, sondern auch die utilitaristische Bezeichnung »Lichter« erinnern daran, daß dieser Schöpfungsbericht aus einer Zeit und Umwelt stammt, in der Sterne als schicksalgebende Götter verehrt wurden. Demgegenüber werden sie hier als bloße Hilfsmittel, gleichsam als himmlische Zeitmesser dargestellt. – Die Aus-

Um den Sternenhimmel darzustellen, eignet sich die Technik der Tropfbatik (weißes oder hellgelb bemaltes Papier mit Wachstropfen einer brennenden Kerze beklecksen, dunkel übermalen und Wachsflecken ausbügeln). Eine Zusammenstellung solcher Tropfbatikmotive könnte den vierten Kreis des Leporellos ausfüllen.

dehnung des Weltraumes vermittelt uns ein Gefühl von der Unermeßlichkeit der Zeit und des Raumes, an der doch unsere menschliche Zeit gemessen wird. Ziel dieser Arbeitseinheit wäre es deshalb, unsere Abhängigkeit von den Bedingungen des Sonnensystems herauszustellen. Ein Gespräch über die Regelmäßigkeit von Morgen und Abend, Frühling, Sommer, Herbst und Winter soll diese Erkenntnis vertiefen.

5. »Die Fische – das Reich unter Wasser«

Fische und Vögel sind das Thema des fünften Abschnitts. Sie repräsentieren Lebenskreise, in denen es ganz andere Möglichkeiten gibt, als wir Menschen sie haben: Wir können weder fliegen noch unter Wasser leben, es sei denn mit Hilfe technischer Mittel. Können wir uns in diese fremden Welten hineinversetzen? Die Phantasie, sich in einen für uns unzugänglichen Lebenskreis hineinzudenken, soll den Kindern helfen, unseren eigenen Platz in der Schöpfung besser zu verstehen.

Die Geschichte von dem Karpfen, der den Angler überlistet (siehe Anhang), soll die Welt unter Wasser vorstellbar machen. Ein Gespräch über all das, was es da gibt und wie eins vom andern abhängig ist, kann am Beispiel eines Aquariums erfolgen. Vielleicht bauen wir ein Aquarium? Ein vorne einsichtiger Pappkarton (Glasscheibe? Zellophanfolie? Völlig offen?) wird mit einem Drahtnetz abgedeckt, von dem die von den Kindern ausgeschnittenen Tiere *und* Pflanzen (!) herunterhängen.
Schließlich wird das Leporello durch einen 5. Kreis mit Fischen und Pflanzen ergänzt.

6. »Die Tiere – unsere Freunde«

Wir kommen unserer eigenen Welt näher, der Welt der Tiere auf der Erde. Obwohl es biologisch-stammesgeschichtlich zwischen Eidechsen etwa und Menschen keine nähere Verwandtschaft gibt als zwischen Vögeln und Menschen, gehören wir doch zu einem gemeinsamen

Wir können uns mit den Tieren »befreunden«, indem wir ein Spiel machen: Jeder stellt ein Tier dar und läßt es von den anderen raten. Die meisten Tiere lassen sich durch Laute identifizieren, andere durch einfache Mittel; der Elefant durch ein zusammengerolltes Handtuch, das vor der

Lebenskreis: Wir bewegen uns auf dem Erdboden fort, natürliche Hindernisse hemmen unseren Weg, und wir schützen uns vor dem Wetter durch einen festen Unterschlupf. Die Landtiere sind unsere Freunde, weil sie ähnliche Probleme haben wie wir. Das Meer etwa ist für Wasservögel ein Landeplatz, für andere ein Stück Boden, den man überfliegen muß, für Fische ein Lebensraum, für uns »Landtiere« eine natürliche Grenze.

Nase baumelt, ein Fuchs durch den Schwanz, ein Affe durch eine Kletterpartie u.a.m. Anschließend machen wir einen Knetgummi-Zoo mit Gehegen. Das Leporello erhält seinen 6. Kreis mit einigen Tieren, die hineingezeichnet werden. Vielleicht können wir ein Lied lernen: Aus »111 Kinderlieder« sind Nr. 15 oder 106 gut geeignet, um die Vielfalt der Schöpfung zusammenzufassen.

7. »Leiden in der Natur«

Damit die Kinder dem Schrecken über eine Spinne, die eine Fliege frißt oder eine Katze, die eine Maus fängt, nicht hilflos ausgeliefert sind, ist es besser, vorher darüber mit ihnen zu sprechen. Daß eins auf Kosten des anderen lebt und die Kleinen von den Großen gefressen werden, ist ja weder eine bedauerliche Ausnahme noch ein persönlicher Streit, wie unter Menschen, der vermieden werden könnte, sondern ist sozusagen konstitutionell. Wir können uns gegen das Mitleid mit den Opfern nicht wehren, weil wir selbst oft genug Opfer sind: der größeren Menschen, der Krankheit, des Unfalls. Einen Sinn darin zu sehen, ist meistens nur herzlos: Die Maus würde es nicht verstehen, warum nur die Schnellsten überleben dürfen. Warum es Leiden geben muß, bleibt eine offene Frage. Ist es schlimm, diese Ratlosigkeit den Kindern zuzugeben? Wichtiger scheint mir, sie darauf hinzuweisen, daß es das Leiden in der Natur – und nicht nur dort – gibt, damit die Erkenntnis sie nicht schockartig überfällt. Es wäre eine Verkürzung der Wirklichkeit, die Brutalität des Lebenskampfes in der Natur auszublenden.

8. »Wie schön, daß ich ein Mensch bin«

Wir haben einen Leib und können uns darüber freuen. Wir sind uns selbst geschenkt mit all den Möglichkeiten, die wir haben. Hinter dem Glauben, »daß mich Gott geschaffen hat samt aller Kreatur, mir Augen, Ohren und alle Glieder, Vernunft und alle Sinne gegeben hat und noch erhält« (M. Luther), steht eine Auffassung vom Menschen, die von Staunen über die eigenen Möglichkeiten bestimmt ist. Ziel dieser Arbeitseinheit ist es deshalb, die Kinder über die Freude am eigenen Körper offen zu machen für die Dankbarkeit gegenüber dem, der mich mir geschenkt hat.

Wir lernen unsere Gliedmaßen kennen, zuerst in einem Lied, in dem sie alle vorkommen: »Hokipoki« (siehe Anhang), dann in einem Puzzle, bei dem die Teile des Menschen zusammengelegt werden, und probieren ihre Möglichkeit in einem Spiel: Jeder spielt ein Glied oder Organ des Menschen und sagt, was er tun kann (»Ich bin ein Auge, ich kann sehen ...«). Ein »Gehirn« darf sich dann »seine« Organe zusammenstellen nach der Aufforderung der Leiterin (»Du willst gehen. Was brauchst du?«). Schließlich wird in den 7. Kreis des Leporellos der Mensch eingetragen. Wo ein Lied gelernt wurde, kann es wiederholt und weitergelernt werden.

9. »Menschen sind verschieden«

Die theologische Aussage, daß jeder von uns gewollt und bejaht ist von der Kraft, die uns ins Leben gerufen hat, findet ihre Konkretion in dem Selbstbewußtsein jedes einzelnen und der Annahme seiner Besonderheit. Daß jeder Mensch eine eigene Persönlichkeit ist und seine eigene Würde besitzt, ist deshalb das Ziel dieser Arbeitseinheit. Wenn jemand anders ist als andere, so ist das nicht etwas Negatives, sondern gerade ein Zeichen dafür, daß wir jeder unverwechselbar wir selber sind.

Bei der Kripo wird man identifiziert, indem die Fingerabdrücke verglichen werden. Kein Mensch hat die gleichen Fingerabdrücke wie ein anderer. Wir rollen unseren Daumen über ein Stempelkissen, drücken ihn auf ein Blatt Papier und schreiben unseren Namen darunter. Können wir Unterschiede erkennen? – Wir spielen ein Spiel: »Wen meine ich?« Die Leiterin beschreibt ein Kind aus der Gruppe und läßt die Kinder raten, wen sie meint. Nach einiger Zeit können die Kinder selbst andere be-

schreiben und die Gruppe raten lassen.
Das Gespräch über die Unverwechselbarkeit eines jeden Menschen wird in das Spiel eingebracht und soll den Kindern Mut machen, sie selbst zu sein.

10. »Unsere Aufgabe in der Welt«

Daß »Gott den Menschen zu seinem Bild geschaffen« hat, ist ein Ausdruck für die Aufgabe des Menschen gegenüber der Natur. Das »Bild« ist nach antikem Verständnis der Stellvertreter, der im Namen seines Herrn dessen Willen durchsetzt. Danach ist dem Menschen die Natur überlassen, damit er sie im Sinne des Schöpfers verwaltet. Im zweiten Schöpfungsbericht (1. Mose 2) heißt es noch prägnanter: Gott setzte den Menschen in seinen Garten, damit er ihn bebaue und bewahre. Die Kinder sollen erkennen, daß wir mit der Natur sorgfältig umgehen sollen, weil sie uns nicht gehört, sondern nur zur Verfügung gestellt wurde.

Die Geschichte »Picknick« (siehe Anhang) eignet sich als Einstieg. Sie läßt sich gut spielen. (Übrigens auch im Rahmen eines Familiengottesdienstes unter dem Thema »Die Welt – unser Garten«.) Daß wir die Natur nicht nur bewahren, sondern auch gestalten sollen (Gartenbau, Haustiere, Kohle und Öl), läßt sich je nach Verständnis der Kinder im Gespräch herausheben.

11. »Tiere brauchen uns«

Ein Teil unserer Verantwortung gilt den Tieren, die wir von uns abhängig gemacht haben: Haustiere und solche, denen wir ihre natürlichen Lebensbedingungen erschwert haben: Rehe und Vögel im Winter, Brutstellen für Stare, Meisen und Störche. Das Ziel der Einheit ist es, die Verantwortung für die Tiere einmal konkret wahrnehmen zu lassen durch die Kinder.

Die Kinder könnten gebeten werden, geeignete Haustiere (Schildkröten, Hamster) mit in den Kindergarten zu bringen. Vielleicht bauen wir, je nach Jahreszeit, einen Starenkasten oder ein Futterhäuschen für Vögel? Wir können ausziehen, um Korn oder Brot an die Spatzen oder Enten zu verteilen. Ein Gespräch über die Frage, wann Tiere uns brauchen, ist in jedem Fall notwendig.

12. »Für uns ist gesorgt«

Der Abschnitt aus der Bergpredigt Mt 6, 25–34 stellt den Menschen mitten in die Natur, sieht ihn unter der gleichen Fürsorge wie jedes andere Wesen. Der Vergleich zwischen Tieren, Blumen und Menschen soll uns sicher nicht auffordern, »zurück zur Natur« zu kehren und auf alle »Werkzeuge« und Techniken der Vorsorge zu verzichten, sondern soll uns die Augen öffnen über die Vorsorge, die für uns getroffen ist, bevor wir überhaupt mit unserer Planung beginnen. Ziel der Einheit soll es sein, die Kinder in dem Bewußtsein zu stärken, daß für sie gesorgt ist, nicht nur durch die Eltern und die anderen Menschen, sondern durch die gesamte Schöpfung. Diese Einheit kann eine Art Zusammenfassung aller 12 Arbeitseinheiten werden.

Einen Abschnitt aus der Bibel (Mt 6, 25 bis 34) nach einer neuen Übersetzung vorzulesen, wäre ein guter Einstieg. Dann machen wir ein Interview; die Kinder spielen einige Tiere und Pflanzen, die von der Leiterin gefragt werden, wie für sie gesorgt wird (»Wer gibt dir zu essen?« – »Woher bekommst du dein Wasser?«). Schließlich werden die Kinder selbst gefragt: »Und wer sorgt für dich?« »Was tun deine Eltern für dich?« »Was tun andere Menschen für dich?« Das Ziel der Einheit ist erfüllt, wenn den Kindern bewußt wird, daß sie in dieser Welt gut aufgehoben sind.

Gunter Steffen

Anhang

Der Maulwurf

»Wuff!« machte der Maulwurf, und noch einmal »wuff!« Er bohrte seine spitze Schnauze in das dunkle Erdreich und schob es dann nach oben über die Erde. »Das ist aber ein langer Tunnel, den ich heute gegraben habe«, sagte er zu sich. »Nun habe ich mehr Tunnel in der Erde als alle anderen, die ich kenne.« Dann drehte er sich um, schob noch den Boden und die Wände glatt mit seinen breiten Schaufeln und wollte in seine Wohnung zurück, eine große Höhle, tief in der Erde, auf Gras und Moos gepolstert. »Nanu«, sagte er da zu sich, »was riecht meine empfindliche Nase? Da ist doch jemand in meinen Tunnel eingedrungen.« Ärgerlich schob er sich vorwärts. »Quick«, machte der Eindringling, denn es war eine Maus. »Hast du mich aber erschreckt, du großes Ungetüm. Ich hab dich gar nicht kommen sehen.« »Sehen? Was ist das?« fragte der Maulwurf. »Ich habe dich gerochen und gefühlt. Bist du zu dumm dazu? Dann verschwinde aus meinen Gängen! Sonst stoßen wir nur zusammen.« »Sicher«, sagte die Maus, »ich kann nicht so gut fühlen und riechen wie du, aber dafür kann ich gut sehen; das brauchst du, wenn die Katze hinter dir her ist und du schnell in dein Loch schlüpfen mußt oder wenn der Speck so hoch liegt, daß du eine Leiter brauchst.« »Katze, Speck, Leiter! So ein Blödsinn!« sagte der Maulwurf, »das gibt es nicht. Bleib unter der Erde, dann brauchst du nicht zu sehen.« »Ach, sehen ist auch etwas Schönes«, sagte die Maus. »Es ist herrlich, die wogenden Gräser in der Sonne zu sehen oder den glitzernden Schnee im Winter. Dann besehe mein schönes, seidiges Fell im spiegelglatten Wasser oder wir spielen Fangen, meine Freunde und ich. Es ist etwas Herrliches, über der Erde zu sein.« »Ich bin noch nie über der Erde gewesen«, brummte der Maulwurf. »Wieso kann man da sehen und hier nicht?« »Komm mit«, sagte die Maus, »ich zeige dir das Licht.« Flink huschte sie durch die breiten Maulwurfgänge, schwerfällig schob sich der Maulwurf hinterher. »Komm hier heraus«, hörte er die Maus piepsen, »es ist gerade keine Katze da, und die Sonne scheint hell und warm.« Der Maulwurf schob sich nach oben und steckte seine Schnauze zum erstenmal in die freie Luft. Im nächsten Augenblick durchzuckte ihn ein furchtbarer Schmerz. »Aua, aua«, schrie er. »Was ist das? Es beißt mich in die Augen, als wenn ich durch einen Salzklumpen buddelte. Das soll das Licht sein, von dem du so schwärmst? Nein danke, ich verzichte! Da bleibe ich lieber in meiner dunklen Höhle.« »Komm heraus, du wirst dich dran gewöhnen«, piepste die Maus. Aber der Maulwurf hörte nicht mehr zu. Grunzend und schnaufend buddelte er sich tief in die Erde hinein. »So ein Unsinn!« brummte er vor sich hin. »Sehen! Licht! Sonne! Ich bleibe im Dunkeln unter der Erde. Da gibt es diese scheußlichen Dinge nicht.«

Die Maus aber erzählte ihren Freunden: »Der arme Maulwurf! Er kann nie die Gräser sehen und den Schnee, er kann sich nie selbst im Spiegel sehen oder mit uns Fangen spielen. Licht ist doch etwas Schönes!«

Der Wassertropfen

»Hurra, ich fliege!« sagte der Wassertropfen. Gerade war er mit vielen, vielen anderen Wassertropfen aus einer dicken schwarzen Wolke gefallen. »Tschüß, Mutter Wolke!« rief er nach oben. »Tschüß, mein Kleiner!« brummte die Wolke. »Wir sehen uns wieder!« Aber der Tropfen dachte jetzt nicht an Wiederkehr. Da unten lag die Erde, da wollte er hin. Pflatch! machte es, er landete gerade auf der Nase eines kleinen Mädchens. »Oh, es regnet!« rief das Mädchen. »Endlich bekommen unsere Blumen Wasser!« »Das können wir machen«, sagte der Tropfen, hüpfte von der Nase des Mädchens herunter und landete auf einem breiten Tulpenblatt. Er kullerte an dem Blatt entlang, rutschte den Stengel hinunter und verschwand in der Erde. Da war schon ein munteres Glucksen und Wispern. Viele andere Tropfen sickerten in die Erde

und wurden von den Wurzeln gierig aufgesogen. »Ach, ich will noch etwas erleben!« sagte der Tropfen, schlüpfte geschickt an den Wurzeln vorbei und verschwand immer tiefer in der Erde. Hu, war das dunkel! Aber da hörte er in der Ferne ein Plätschern und Gurgeln, das immer lauter wurde. »Da scheint etwas los zu sein«, sagte er sich und machte sich auf die Reise. Schon war er nicht mehr allein. Von allen Seiten kamen Wassertropfen, und alle hatten nur ein Ziel: »Komm, wir gehen zur Quelle!« riefen sie und strömten gemeinsam unter der Erde dahin. Immer mehr Wassertropfen wollten dabeisein, und alle wußten sie, wohin die Reise ging. »Hoppla, da sind wir ja!« sagte der Wassertropfen. Er sprang aus der Erde und blinzelte in die Sonne. »Jetzt sind wir ein Bach! Das ist eine viel schönere Reise als da unten in der dunklen Erde.« »Komm, wir schaukeln das Schifflein dort!« riefen ein paar andere. Das machte dem Wassertropfen Spaß, das kleine Binsenschiffchen von dem Stein loszureißen und tüchtig durchzuschütteln. »Seht mal, es schwimmt!« riefen ein paar Kinderstimmen am Ufer. »Glückliche Reise!«
Dann wurde es ruhiger. Sie schwammen in einem breiten Strom. »Wohin gehen wir?« fragte er die andern. »Ins Meer, wohin sonst!« sagten die andern. »Prima, ich komme mit«, wollte der Wassertropfen sagen, aber da rutschte er auch schon in ein großes Loch. »Ich will nicht wieder unter die Erde!« rief er, aber das half ihm nichts. Er schoß durch ein langes dunkles Rohr, dann wühlte er sich durch eine dicke Schicht Kiesel, sickerte durch eine Schicht Sand, bis aller Schmutz hängengeblieben war, und quetschte sich durch viele, viele Rohre, auf und nieder, bis ihm ganz wirr wurde. »Was machen die bloß mit mir?« seufzte er. »Ob ich jemals wieder ans Licht komme? Hu, jetzt wird es auch noch heiß!« »Schönes heißes Wasser zum Abwaschen!« sagte eine Frauenstimme. Der Wassertropfen sprang aus der Leitung und stürzte sich mit den andern auf das dreckige Geschirr. »Weg mit dem Schmutz!« schrien sie alle und rissen die Essenreste mit sich fort. Aber schon wurde es wieder dunkel. Wieder ging es durch lange Rohre, bald auf, bald nieder, daß der Tropfen ganz durcheinander kam. »Ob ich noch einmal ans Meer komme?« fragte er sich. Dann kamen wieder dunkle Schichten von Kies und Sand. Die stanken ganz schrecklich, denn hier versammelte sich all der Dreck, den die Wassertropfen mitgebracht hatten. Aber endlich war es soweit: Ein langes Rohr führte sie einem gewaltigen Brausen und Rauschen entgegen. »Das ist das Meer!« rief der Wassertropfen. »Jetzt wird es lustig!« Das Meer war groß und weit. »Wohin gehen wir?« fragte es die anderen. Aber die wußten es auch nicht. »Da ist wieder ein Schiff, komm, das wollen wir schaukeln!« »Das ist viel zu groß zum Schaukeln«, sagten die anderen. »Ach, wir sind doch so viele!« sagte der Wassertropfen. »Und der Wind hilft uns dabei!« Und tatsächlich, sie hoben das Schiff und ließen es wieder herunterfallen, sie wiegten es und schoben es hin und her, daß das Schiff stöhnte und ächzte. »Das ist heute ein

ganz schöner Seegang!« sagten die Seeleute.
Dann ließ der Wind nach. Die Sonne schien und das Meer wurde still. Ganz müde war der Tropfen von seiner aufregenden Reise. Am blauen Himmel schwebte eine Wolke. »Jetzt möchte ich wieder zu den Wolken zurück!« dachte der Tropfen und wiegte sich auf dem Wasser. »Dir kann geholfen werden!« sagte die Sonne. Da wurde dem Tropfen plötzlich so anders, er fühlte sich so leicht und durchsichtig. »Gehöre ich zum Wasser oder zur Luft?« fragte er sich noch, da wurde er hochgehoben, immer höher und höher, und sanft landete er in der Wolke. »Na, da bist du ja wieder!« sagte die Wolke. »Hast du viel erlebt?« »Na und ob!« sagte der Wassertropfen.

Der Karpfen

Hinter dem Bahndamm beginnt der Wald, und in dem Wald, von Büschen und Bäumen ganz versteckt, liegt ein kleiner See. Hier ist es immer still, wenn nicht in der Ferne die Eisenbahn vorbeifährt; kaum jemand kennt dieses Reich der Bläßhühner und der Enten, der Frösche und der Fische. Die Wasserkäfer sonnten sich auf den Schilfhalmen, und die Libellen surrten mit blitzenden Flügeln über das dunkle Wasser.
In dem Teich lebte ein alter Karpfen. Er hatte schon manchen Winter miterlebt, wenn das Eis auf dem Wasser lag und es schwer war, Luft zu bekommen, manchen Sommer, wenn die Käfer und Würmer reichliche Nahrung boten, und hatte schon viele Gefahren bestanden. Nun war er alt und schlau. Er wußte, wo der Hecht gewöhnlich stand, und ging ihm aus dem Wege, und er wußte, wo es die jungen leckeren Kaulquappen gab und wann sie am besten schmeckten. Aber sein spannendstes Erlebnis hatte er einmal mit einem Angler.
Da tanzte dem alten Karpfen doch plötzlich so ein fetter, leckerer Wurm vor der Nase. Fast hätte er zugeschnappt, aber dann sah er den Haken. Der Wurm hing an einer kleinen krummen Drahtspitze, und von dem Haken führte ein dünner, aber fester Faden nach oben aus dem Wasser heraus. »Vorsicht!«, dachte der Karpfen, »da sitzt ein Angler!« Er kannte diese tückischen Haken. Einmal hatte er sich nur mit Mühe losreißen können und trug jetzt noch eine Narbe am Oberkiefer. »Dem spiele ich einen Streich!« dachte der Karpfen. Ganz vorsichtig zupfte er am Wurm, lutschte ihn auf, ohne den Haken zu berühren. »Der wird sich ärgern, wenn er den leeren Haken aus dem Wasser zieht!« sagte er sich. Dann kam ihm ein kühner Gedanke. Er schwamm um den Haken herum, nahm ihn dann vorsichtig und doch sehr fest zwischen die Lippen, ohne sich zu verletzen, und schwamm davon. Die dünne Leine hinter dem Haken zischte durch das Wasser. »Jetzt denkt der da oben, er hat mich am Haken!« Der Karpfen grinste grimmig. Er schwamm in eine Ecke des Teiches. Dort lag, tief im Schlamm eingesackt, ein alter Schuh. Der Karpfen schwamm

so um den Schuh herum, daß sich der Haken darin verfing, dann ließ er los. Er sah, wie sich die Leine straffte, der Angler zog und zog. Dann machte es »flopp!«, und plötzlich gab der Schuh nach. Im gleichen Augenblick machte es am anderen Ende des Sees »Platsch!«, und mitten in den Seerosen versank der Angler. Er hatte das Gleichgewicht verloren. Prustend und glucksend stieg er wieder an Land.
Und wer ganz genau hingehört hat, der hat den alten Karpfen lachen hören.

Der Hokipoki-Tanz

Wir stehen im Kreis und klatschen in die Hände.

Wir stehen mit der linken Schulter zur Kreismitte, halten den linken Arm in die Mitte,

nach außen,
wieder zur Mitte,

schütteln die Hand aus.

Wir drehen uns im Kreis und wackeln mit den Hüften.

Wir stellen uns wieder im Kreis auf.

Refrain :

Es folgt der Refrain und die weiteren Strophen. Das Lied endet mit dem Refrain. In den Strophen setzen wir entsprechend ein: rechter Arm – linkes, rechtes Bein, linkes, rechtes Ohr, linke, rechte Schulter, linke, rechte Hand, linker, rechter Fuß, ad. lib.

Ein Picknick

Thomas und Jörg fuhren zum Picknick. Der Tag war so schön warm und der Wald war so schön grün, daß sie ihre Brote und Bananen, Bonbons und hartgekochte Eier in eine Plastiktüte taten, sich auf ihre Fahrräder setzten und in den Wald auf eine Lichtung fuhren. Dort breiteten sie die Wolldecke aus, holten die mitgebrachten Sachen aus der Tüte und fingen an zu essen. Das Butterbrotpapier falteten sie zusammen, die Bananenschale vergruben sie in der Erde, das Bonbonpapier stopften sie in ihre Tasche und die Eierschalen steckten sie in die Plastiktüte. Dann fingen sie an, Murmeln zu spielen.
Da kam eine Familie auf die Lichtung, die auch Picknick machen wollte, Vater, Mutter und zwei Kinder. Die breiteten ihre Wolldecke aus, zerdrückten dabei ein paar junge Tannen und packten ihre Sachen aus. Das Butterbrotpapier spießten sie auf die Zweige, die Bananenschale flog in hohem Bogen in den Wald, mit dem Bonbonpapier bewarfen sich die Kinder, und die Eierschalen ließen sie ins Gras fallen. Kopfschüttelnd sahen Thomas und Jörg zu. Dann spielten die Kinder im Wald. Sie rissen die Zweige von den Bäumen, rollten Steine in den Bach und sie fanden ein Vogelnest, aus dem sie die Eier herausnahmen. »So eine Frechheit«, zischte Jörg. »Wenn ich größer wäre, würde ich die versohlen!« Schließlich standen die Eltern auf, schüttelten einfach ihre Wolldecke aus und ließen den Platz zurück, ohne sich noch einmal umzusehen. »He, Sie da!« rief Jörg ihnen nach, »Sie haben was vergessen!« Die Erwachsenen drehten sich um. »Was haben wir vergessen?« fragte die Frau. »Sie haben vergessen, daß die Welt Gottes Garten ist!« sagte Jörg.

Gunter Steffen

Modell 3

Sonntag kann schön sein

Ein Modell für eine thematische Spiel- und Lerneinheit mit integrierter Elternarbeit

Zielvorstellungen

Die Chance des Sonntages soll Kindern und Erwachsenen deutlich gemacht werden. Dabei sind gleichzeitig die Gefahren des verplanten Sonntages ohne Möglichkeit der Offenheit gegenüber Partnern und Ereignissen spielerisch zu entfalten wie auch kleine Anleitungen zum phantasievollen Miteinanderfeiern zu geben. Der biblisch begründete Rhythmus von Arbeitstag und Feiertag soll neu entdeckt werden, wobei die alt- und neutestamentlichen Aufforderungen zum »Faulsein«, zu Feier und Fest altersspezifisch unterschiedlich akzentuiert Bedeutung gewinnen.

Praxishintergrund

Dieses Modell ist innerhalb der Projektgruppenarbeit und der praxisbegleitenden Mitarbeiterfortbildung des Evangelischen Zentrums Rissen initiiert worden. Bei der Übernahme unserer Vorschläge auf andere Kindergarten- und Gemeindesituationen wird sorgfältig zu prüfen sein, welche Teilaspekte oder Ziele abgewandelt werden müssen.

Teilschritte

1. Wie schön, daß es den Sonntag gibt.
   (Lieblingsbeschäftigungen, Familiengewohnheiten, Hobbys etc.)
2. Wie dumm, wenn das Sonntag-Feiern vergessen wird.
   (Spaßgeschichte vom »eiligen Mann«, der sich nie ausruhte.)
3. Worauf sich Kinder am Sonntag bzw. am Wochenende besondes freuen.
   (Was ist an diesem Tag anders? Wer ist zu Haus? Wer hat mehr Zeit?

4. Worauf sich die Erwachsenen am Sonntag freuen. (Mutter, Vater, Großeltern etc.)
5. Der Ablauf eines Sonntags vom Aufstehen bis zum Schlafengehen. (Darstellungen der Verhältnisse, wie sie jetzt sind.)
6. Wie wäre es, wenn wir einen Wunschsonntag einführen würden? (Darstellung von Erwartungen und Sonntagserfahrungen, wie sie dann sein könnten.)
7. Zusammenfassung der Teilschritte im Lied »Fangt's gut an, fangt's klug an ...«

Spezielle Lernschritte für Eltern

a) Informationen über die Lerneinheit der Kinder zum Sonntagsthema.
b) Das Unbehagen der Kinder über leere oder verplante Sonntage.
c) Was Eltern verändern können, damit Kinder und Erwachsene andere Sonntagserfahrungen machen.
d) Zusammenfassung der Lernschritte im Lied »Mit unserem Sonntag stimmt was nicht ...«

Modellablauf im Kindergarten

Zum 1. Teilschritt

Lieblingsbeschäftigungen der Kinder, die sich gerade am Sonntag oder Wochenende realisieren lassen, werden besprochen. Das Gespräch wird mehrfach auflockernd unterbrochen durch pantomimische Rätseldarstellungen »Was mache ich gern?« – »Was machst du gern am Sonntag?«

Zum 2. Teilschritt

Ursula Wölfels Geschichte vom eiligen Mann aus den »28 Lachgeschichten« (Hoch-Verlag) wird erzählt und mehrfach durch den Sprech-Kehrreim gegliedert:
»Hast du denn keine Zeit,
ruh dich doch auch mal aus«,
Aber der eilige Mann sagt immer nur:
»Ich habe keine Zeit, ich habe keine Zeit.«
Zur Vertiefung der Geschichte fertigen sich die Kinder aus Karton »eilige Männer« an, die mit großem, weit ausladenden Schritt durch die Welt rennen. Wir besprechen mit den Kindern die Frage, was sie aufhalten könnte, damit sie stehenbleiben, warten und sich ausruhen. Es wird eine Verkehrsampel aufgemalt, die rotes Licht zeigt, sowie ein Kalenderblatt vom Sonntag mit einer roten Zahl (beides heißt: Stopp! Warte! Laß dir Zeit!).
Die Kinder spielen Teile der Geschichte nach und lachen über den Mann, der

auch noch den Sonntag vergißt. Sie erzählen spontan von Leuten, die eilig sind oder immer sagen, sie hätten keine Zeit (vgl. dazu das Modell vom Ausruhen und Feiern, S. 135 in: »Neue Kindergottesdienstformen«, Gütersloher Verlagshaus Gerd Mohn).

Zum 3. Teilschritt

Wir unterhalten uns mit den Kindern über die Frage, was am Sonntag anders ist. Sie erzählen, daß die Erwachsenen dann nicht so früh aufstehen, daß man gemeinsam gemütlich frühstückt, daß die Geschwister nicht zur Schule und die Erwachsenen nicht zur Arbeit gehen müssen etc.
Wir spielen in kleinen Stegreifszenen einen Sonntagmorgen, bei dem niemand ganz früh, wenn der Wecker klingelt, aufstehen muß.

Kritische Anmerkung aus der Erprobungsphase

Weil aber manche Erwachsene auch sonntags arbeiten müssen, muß hier differenziert vorgegangen werden. Die Kinder berichten von den Erfahrungen, daß der Vater (Autobusfahrer) manchmal auch sonntags Dienst hat, daß eine Mutter (Krankenschwester) nicht jeden Sonntag frei hat. Hier wird im Gespräch geklärt werden müssen, daß wir nur Sonntag feiern können, weil andere für uns arbeiten (im Wasserwerk, im Elektrizitätswerk, bei der Bahn, der Feuerwehr u. ä.). Berufe, die sonntags auch nötig sind, werden aufgemalt bzw. nachgespielt.

Zum 4. Teilschritt

Mit den Stabhandpuppen oder Kasperpuppen des Kindergartens improvisiert die Erzieherin mit einer Praktikantin, worauf sich die Mutter am Sonntag bzw. am Wochenende freut. Die improvisierte Szene ergibt Gesprächsstoff und Möglichkeit, die Einfühlungsphantasie für die Sonntagserwartung der Mutter zu wecken. Nun wollen die Kinder spielen, worauf sich Vater am Sonntag freut. Ein Fernsehapparat (Schuhkarton) ist für diese Szene nach Meinung der Kinder ebenso nötig wie die Zeitung. Die Szene wird mehrfach gespielt, verändert und von den Kindern selbst kritisiert. Dabei erzählen manche von den Beobachtungen zu Haus (»sei still, Vati sieht fern« – »geh raus, spielen« o. ä.).

Kritische Anmerkungen aus der Erprobungsphase

Hier wird darauf geachtet werden müssen, daß die Kinder sowohl ihre enttäuschten Erwartungen und ihre negativen Beobachtungen ausspielen dürfen, als auch Empfindungen für den Vater (Phantasie für seine Sonntagswünsche). Evtl. sollten auch Großeltern oder andere Familienmitglieder mit ihren Wünschen an den Sonntag einbezogen werden.

Zum 5. Teilschritt

Auf einer kreisrunden Pappe wird der Ablauf eines Sonntags vom Aufstehen bis zum Schlafengehen der Kinder aufgemalt und aufgeklebt. Wie in einer Art Bestandsaufnahme aller bisher erwähnten schönen und nicht schönen Dinge erscheint hier die Palette der wirklichen bisherigen Erfahrungen. Da man sich nicht auf einen Sonntagsablauf einigen kann, entstehen schließlich mehrere gemalte und beklebte Sonntagsscheiben, die ähnlich wie eine Torte mit ihren Stücken aussehen.

Zum 6. Teilschritt

Da nun in einem Monat mindestens vier Sonntage vorkommen, könnten Wunschsonntage für die Mutter, das Kind, den Vater, die Großmutter erfunden werden. An dieser Stelle erzählen die Kinder bezeichnenderweise vom Muttertag. Hier haben sie sich wohl ansatzweise schon hineingedacht, wie ein Tag aussehen könnte, der für Mutter besonders schön ist. An dieser Stelle beginnen die Kinder auf neuen runden Pappscheiben – wie sie es nennen – den schönsten Vati-Sonntag, den schönsten Kinder-Sonntag usw. aufzumalen.
Beim Versuch, den die Erzieherin initiiert, alle diese Wünsche auf eine Scheibe zu übertragen, fallen Äußerungen der Kinder wie: »Das ist zu voll! Das geht nicht! So viel paßt nicht *auf* den Sonntag!« Sie sagen aber auch auf der Suche nach Lösungen: »Vielleicht machen wir ein bißchen für jeden«, und ein anderer sagt: »Eine Stunde für Große, damit sie nicht traurig sind, und dann ist noch viel Zeit für mich.« Die Erzieherin fragt, ob Vater und Mutter damit zufrieden wären. Vielleicht wollte Mutter schon lange ein schönes Buch, das sie zum Geburtstag bekommen hat, zu Ende lesen. Die Kinder erkennen und verbalisieren, daß es ganz schön schwer wird und man sich allerlei einfallen lassen muß, damit jeder am Sonntagabend sagen kann: »Heute war es schön bei uns.«

Zum 7. Teilschritt

Alle Gedanken der vorherigen Schritte – sie erstreckten sich über mehr als zwei Wochen – werden in einem kleinen Lied zusammengefaßt. Den Kehrreim »Fangt's gut an ...« singen alle Kinder, begleitet von Stampfen und Klatschen. Die Strophen übernimmt die Erzieherin:

Vorsänger:

Refrain für alle:

2. Wenn jeder nur an sich selber stets denkt,
und nicht dem andern auch Freude mal schenkt,
wird es kein richtiger Feiertag werden:
Gott aber will viel mehr Liebe auf Erden!
(folgt wieder Refrain)

In einer Singepause erzählen wir, daß Jesus auch oft und gern gefeiert hat. Die Kinder erinnern sich z. B. an Zachäus. Das war für ihn ein Fest, mit Jesus zu feiern. Oft hat Jesus erzählt, Gott will ein Fest mit uns feiern. Jeder Sonntag erinnert daran!

Elternabend

Etwa acht Tage nach Beginn der oben geschilderten Spiel- und Lerneinheit findet ein Elternabend statt, in dem die Erzieher zunächst über das Behandeln der Sonntagsthematik berichten. Bis dahin fertiggestellte Bilder und Figuren werden den Eltern gezeigt. Die Geschichte vom Mann, der auch sonntags rennt, haben viele Kinder zu Haus erzählt. Zwischen einigen Ehepaaren hatten bereits Gespräche begonnen, ob ihre Kinder zu Hause am Wochenende nicht auch zu oft das Wort hören: »Ich habe keine Zeit.«

Da nicht alle Eltern allein durch die Berichte der Kinder und das Betrachten der Kinderzeichnungen zu lockerem Gespräch bereit sind, wird für Modellübertragungen als Auftakt des Elternabends ein Titelspiel zur Geschichte vom Mann, der immer rennt, vorgeschlagen. Die Geschichte befindet sich in abgezogenen Exemplaren zu Beginn des Abends auf den Tischen der Eltern. Ferner liegen Zettel und Bleistifte daneben. Man beginnt nun mit der Spielaufforderung, daß jeder Teilnehmer anonym auf den Zettel eine oder zwei lustige Überschriften für die Wölfel-Geschichte schreiben darf. Das Verlesen und Auswerten der Titel durch die Leiterin des Kindergartens oder eine Kollegin wird dann mit Sicherheit so viel Spaß hervorrufen, daß eine entspannte Gesprächsatmosphäre geschaffen ist.
Im nächsten Teil des Elternabends werden die Negativerfahrungen der Kinder

zur Sprache gebracht. Manchen ist bange vor diesem langweiligen oder allzu verplanten Tag (»jeden Sonntagnachmittag fahr'n wir zu Oma« o.ä.).
Im letzten Teil des Abends werden Möglichkeiten besprochen, wie jeder am Sonntag in der Familie zu seinem Recht kommt, ohne daß man aneinander vorbeilebt oder einer der Tyrann des anderen ist.
Eine Karikatur eines geplagten Vaters, an dem vier Kinder gleichzeitig herumzerren (»jetzt spielst du aber endlich einmal mit mir)« wird gemeinsam betrachtet und mit der Familienwirklichkeit verglichen. Die Erzieherinnen berichten von ihren Plänen, in den nächsten Tagen »Wunschsonntage« der Kinder zeichnen zu lassen; und als kleinen fröhlichen Ausklang singen zwei Praktikantinnen zur Gitarre das kleine folgende Lied (auch für Familiengottesdienste):

Text und Melodie: Wolfgang Longardt

2. Man nannt' ihn früher »Tag des Herrn«!
Heut hör'n das viel' nicht gern.
Doch laßt uns auf die Suche geh'n,
den Sonntag neu zu seh'n!

Mit dem guten Wunsch, daß Eltern und Kinder mehr Phantasie für den gemeinsamen Sonntag entwickeln, endet der Abend.
(Man vergleiche hierzu auch die Beiträge »Was Gastarbeiter sonntags machen« und »Am Sonntag kommt man sich näher«.)

Kritische Anmerkung aus der Erprobungsphase

Ein solcher Impuls eines zweiwöchigen Projektes mit einem Ausspracheabend der Eltern ist wohl zuwenig, um auf längere Sicht Veränderungen in Gang zu setzen. Aber bei guter Kooperation zwischen Kindergarten und Kirchengemeinde könnte die Ergänzung durch Freizeitangebote, Familiengottesdienste etc. weitere Hilfen auf dem Wege dieses Lernprozesses geben, damit schließlich der Sonntag im vollen biblischen Sinn wieder ein Tag wird, an dem man feiert und sich bewußt wird, welche guten Dinge uns von Gott geschenkt sind.

Wolfgang Longardt

Ergänzungsbeiträge

Was Gastarbeiter sonntags machen

Kinder berichten

Concetta und Antonio (8 und 10 Jahre, ital.): Sonntag morgens gehen wir alle zur Messe, aber das ist langweilig. Nachher stehen die Eltern immer so lange mit anderen Familien zusammen und reden. Mutter kocht sonntags Canneloni, sonst gibt es in der Woche meistens Spaghetti.

Alberto und Giuseppe (8 und 9 Jahre, ital.): Am Sonntag gehen wir spazieren, wir Kinder allein. Wir gucken uns die Schaufenster an. Nachmittags ist jeden Sonntag italienisches Kino, da gibt uns unser Papa Geld. Wir freuen uns schon die ganze Woche darauf.

José (10 Jahre, span.): Manchmal, wenn Kommunionsfeier ist oder Tauffest, gehen wir am Sonntagabend mit den Eltern in die spanische Gastwirtschaft und essen kleine gebratene Fische und Brot. Vater trinkt Rotwein oder Bier und Rosa und ich kriegen eine Cola. An der Theke sitzen viele Männer und trinken auch Bier. Wir kriechen unter den hohen Stühlen her und spielen Verstecken, wenn der Vater gerade nicht hinschaut. Manchmal kriegen wir auch von den Männern, die da sitzen, ein Bonbon geschenkt, und Rosa wird auf den Arm genommen.

Maria und Nicolas (7 und 9 Jahre, jugosl.): Am Sonntag ist unser Zimmer immer ganz voller Leute. Mutter kocht immer Kaffee, und es wird andauernd erzählt und getrunken und gelacht. Sonntags kommt auch immer Onkel Stefan und Tante Maria. Sie schenken uns manchmal Schokolade oder Geld für ein Eis im Sommer.

Ismet (8 Jahre, türk.): Am Sonntag muß Vater immer so viel schlafen, weil er immer müde ist. Mutter wäscht unsere Wäsche und näht alle Löcher wieder zu. Wir gehen auf die Straße zum Spielen, denn in der Wohnung müssen wir immer so leise sein. Nur Gulay (11 Jahre) muß zu Hause bleiben und Mutter helfen. Vor unserem Haus ist eine Verkehrsinsel, so groß wie unsere Küche, da spielen wir immer. Unseren kleinen Hassan (1 Jahr) setzen wir in die Mitte, er kann ja noch nicht weglaufen. Einmal ist mein großer Bruder schon von der Insel heruntergefallen, und ein Auto hat ihm den Arm gebrochen.

Carmen (7 Jahre, span.): Wir machen am Sonntag, wenn es draußen warm ist, manchmal eine Fahrt im Auto mit einer deutschen Familie. Unser Vater und der deutsche Vater arbeiten zusammen an einer Maschine in der Fabrik. Wir nehmen Teller und Brot und Weinflaschen mit und ein kleines Radio. Wenn die Musik läuft, machen wir draußen ein Feuer an und braten Fleisch darauf. Es ist lustig, die deutsche Frau lernt jetzt spanisch sprechen wie wir, aber sie kann es noch gar nicht gut.

Erwachsene berichten

Emilio (32 Jahre, span.): Ich bin allein hier, unverheiratet. Am Sonntag besuche ich viele Freunde. Wir gehen durch die Stadt und treffen noch mehr Freunde. Ich habe ein Auto, einen alten Ford Transit gekauft. Seit meine Freunde das wissen, muß ich immer viel für sie fahren, mal einen Schrank aus der nächsten Stadt abholen, mal Leute zum Besuch eines Kranken ins Krankenhaus fahren, mal mit Freunden in eine größere Stadt zur Versammlung reisen. Neulich sind wir in Frankfurt alle auf die Straße gegangen und haben demonstriert, weil uns Ausländern für unsere Kinder in der Heimat weniger Kindergeld gegeben wird. Das sind wichtige Sachen, so was muß man am Sonntag machen und so was muß man auch vorbereiten, damit es zustande kommt. Ich finde das besser als nur Bier trinken und fernsehen am Sonntag.

Joannis (42 Jahre, griech.): Früher bin ich am Sonntag immer zur Kirche gegangen. Aber jetzt mache ich das nicht mehr. Die Kirche will uns immer nur Geld abnehmen. Den Pastor kennen wir gar nicht richtig. Er reist hier herum und kommt nur ab und zu mal in unseren Ort. Zu Hause in Griechenland ist das anders gewesen. Da haben wir jeden Sonntag eine geweihte Kerze gekauft und vor dem Altar angesteckt. Hier bleibe ich lieber in meiner Wohnung mit meiner Frau und mit meinem Jungen. Bin sowieso viel zu müde am Sonntag. Arbeite in der Woche oft zehn Stunden täglich, meine Frau in einer anderen Firma acht Stunden. Sonntags kriegen wir oft Besuch und essen und trinken zusammen mit den Freunden. Am Abend gehen wir Männer dann zusammen in die Kneipe, wo viele andere Griechen sitzen. Da hört man dann viel Neues, und alles in der Heimatsprache, über die Arbeitsplätze der anderen und ob es irgendwo eine freie Wohnung gibt und wo ein Kind geboren ist und solche Dinge.

Frau O. (35 Jahre, jugosl.): Wir sind noch nicht lange hier am Ort und würden gern am Sonntag mit anderen zusammen etwas unternehmen. Aber mein Mann ist Kellner und hat oft Sonntagsdienst. Da können wir uns nichts vornehmen. Andere Leute haben wir auch noch wenig kennengelernt. Wo soll man sich hier kennenlernen und wo soll man sich treffen? In unserem Zimmer geht das nicht. Der Chef (Vermieter) hat das verboten. Es gibt kein Haus für Ausländer und Deutsche, wo man zusammensitzen und Kaffee trinken kann. Aus einer Gastwirtschaft sind wir schon herausgeschickt worden, nur weil wir Ausländer sind. Der Wirt hat zu uns gesagt: »Ihr wollt immer nicht bezahlen und ihr sprecht so laut, daß die anderen Gäste weggehen!« Das stimmt aber gar nicht, wir hatten uns nur zu einem Kollegen meines Mannes an den Tisch gesetzt und wollten nur genauso ein Glas Bier trinken wie die anderen Gäste. Die Deutschen sind oft unfreundlich zu uns, bei der Arbeit nicht so oft, aber am Feierabend und am Sonntag. Warum müssen alle so sein wie die deutschen Leute? Ich verstehe das nicht.

Ingrid Mohn

Am Sonntag kommt man sich näher

Weltreisenden fällt es auf, und Auslandsdeutsche bestätigen es: Sonntags sind sich die Völker der Erde am ähnlichsten, wenn Christen in ihnen leben. »Am siebenten Tage auszuruhen« ist guter, gemeinsamer und nützlicher Brauch der Menschen vieler Nationen geworden. Bantu-Stämme des südlichen Afrikas oder Hochlandsippen der Tropeninsel Neuguinea, Indianerfamilien im brasilianischen Mato Grosso oder nomadisierende Hirten des ostafrikanischen Ödlandes, Chinesen in Hongkong oder Adivasi im indischen Bergland kommen uns und einander am Sonntag näher: durch die Art, wie ihn die Christen unter ihnen feiern.

Ein kleines Fest ist der Sonntag für viele Christen im ostafrikanischen Land Tansania. Ein Fest der Familie, der Gemeinde, ein Fest, das in langen und abwechslungsreichen Gottesdiensten, in Jugendveranstaltungen oder anderen Versammlungen Ausdruck findet. Ein Fest der Begegnung mit dem Nachbarn, der manchmal kilometerweit entfernt wohnt. Und ein Fest der Lieder. Sonntags tragen ostafrikanische Christen ihre besten Kleider: »Ich habe oft gesehen«, sagt eine Missionarsfrau über Südtansania, »daß die Männer im Morgengrauen vor ihren Hütten sorgfältig ihre Sonntagshose bügelten.« Dann geht die Familie zum Gottesdienst – getrennt: zuerst die Frau mit den Kindern, dann der Mann. »Manche müssen zwei oder drei Stunden laufen, weil nicht jede Siedlung eine Kirche hat«, berichtet die Missionarsfrau. Und sie erzählt auch von kleinen Kirchengehergruppen, die auf ihrem Anmarschweg durch die Dörfer mit lautem Singen Nichtchristen anlocken und zum Mitgehen anregen. »Die Gottesdienste sind auf diese Weise meist ungeheuer gut besucht.«

Während der Gottesdienste hören ostafrikanische Christen nicht selten zwei Predigten und manchmal noch eine dritte. Den Segen über die Gemeinde spricht der Pfarrer unter freiem Himmel: Die Gemeinde verläßt gegen Ende des Gottesdienstes singend die Kirche und versammelt sich im Freien, wo Kirchenvorsteher, Gemeindeälteste, Bürgermeister oder Jugendleiter mit für alle wichtigen Bekanntmachungen aufwarten. Impfaktionen oder andere Termine, Bauvorhaben oder Bewässerungspläne werden mitgeteilt und diskutiert. Manchmal schließt sich ein gemeinsames Essen an. Nachmittags tagen Frauen- oder Männerkreise. Die Jugend spielt Fußball oder Handball. Und Verliebte gehen spazieren.

Der Gottesdienst ist auch im Hochland Neuguineas Sonntagsmittelpunkt der Christen. Auf der wild zerklüfteten Südsee-Insel, wo die Dörfer und Weiler durch Schluchten und reißende Flüsse, durch Urwald und Grassteppe voneinander getrennt sind, wandern manche Familien vor Anbruch des Tages zum Kirchendorf. Nichtchristen würden sich um diese Zeit nicht auf den Weg wagen: Denn ihre animistische Naturreligion lehrt die Dunkelheit als den Feind

des Menschen, als die Zeit der tödlichen Gefahren durch böse Mächte und Ahnengeister.
Dorfgottesdienste in Neuguinea bieten Fremden oft ein ungewöhnliches Bild: Kinder spielen zu Füßen des Predigers oder in den Gängen zwischen den Holzbänken, Hunde schnüffeln am Altar, und kleine Schweine quieken in den Armen einiger Landfrauen, die ihnen hin und wieder zur Beruhigung die Brust reichen. Nach dem Gottesdienst, der bis zu zwei Stunden dauert, versammelt sich die Gemeinde im Freien zur Beratung wichtiger Fragen: Wer soll mit wem in der kommenden Woche über den Berg zu diesem oder jenem fernen Dorf aufbrechen? Wo gibt es Süßkartoffelpflanzen, wie kann einem Kranken geholfen werden, und was soll mit dem Mann geschehen, der versprochen hat, mit Zauberkräften Autos und Tabak aus dem Reich der Toten herbeizuschaffen?
Die christlichen Gemeinden in Neuguinea pflegen am Sonntag ihre Gemeinschaft, die in diesem unwegsamen Land der fast 1000 verschiedenen Stämme und Sprachen, der entlegenen Dörfer und der Geisterfurcht oftmals lebenswichtig ist – für den einzelnen wie für die Familie, Gebetsgottesdienste, Abendandachten, Frauenversammlungen oder Männerpalaver auf dem Dorfplatz füllen den Sonntag, der für viele eine Unterbrechung ihrer Einsamkeit bedeutet.
Auch in den wenigen, aber schnellwachsenden Städten Neuguineas suchen Christen am Sonntag bewußt die Gemeinschaft mit anderen, die ihnen aus der Isolierung im städtischen Getriebe heraushelfen kann. In den Hafenstädten Lae oder Madang, in Port Moresby oder Wewak zerbrechen die alten Bindungen an Familie, Sippe und Stamm; der einzelne verliert sich im Gewirr verschiedenster Sprachen und Lebensweisen. Tiefe Gräben trennen den früheren Beuteltierjäger vom Süßkartoffelbauern, den Bergpapua vom Küstenmann, den einstigen Flußfischer vom Hochlandkrieger. Die Gottesdienste der städtischen Gemeinden sind in Neuguinea vielen Menschen weit mehr als nur Zusammenkünfte: Sie sind ihnen »Familienanschluß«, neue, innere Heimat und auch Ablenkung vom ungewohnten Trott an ihren Arbeitsplätzen.
Gottesdienste und Zusammenkünfte verschiedenster Art sind auch für die Christen in der Republik Südafrika sonntagsbestimmend. Für sie ist der »siebente Tag« allerdings vielfach zugleich ein Tag, der die Rassentrennung bewußter macht: Die Mehrzahl aller Gottesdienste werden getrennt nach Hautfarben gehalten. Weiße gehen in die Kirchen der Weißen, Schwarze in die Kirchen der Schwarzen. »Am Sonntag ist die Trennung in Schwarz und Weiß am strengsten«, meint eine ehemalige Südafrika-Missionarin.
Die von reformierter Kirchlichkeit geprägten Gesetze in der südafrikanischen Republik haben den Sonntag für viele zum »langweiligsten Tag der Woche« gemacht. Sport darf nicht stattfinden, Kinos und Theater sind geschlossen.

Weil die Arbeitswoche den Menschen keine Zeit für private Dinge läßt, konzentriert sich auch das Gemeindeleben der Christen mehr als anderswo auf den Sonntag: Es gibt Vormittags- und Abendgottesdienste, der Konfirmandenunterricht findet jeweils sonntags statt. Kranke werden in den Krankenhäusern besucht. Frauenkreise und andere Gemeindegruppen halten am Sonntagnachmittag ihre Zusammenkünfte, obwohl dies manchmal auch mit schlechtem Gewissen geschieht. Ein kirchlicher Mitarbeiter sagt es so: »Sonntag ist eigentlich der einzige Tag, an dem die Familie zusammensein kann. Frauenkreise, Konfirmandenunterricht und andere Gemeindeaktivitäten trennen die Familien aber dann auch wieder.«
In einem Punkt jedoch stimmen die Zeichen des südafrikanischen Sonntags mit den Sonntagszeichen in Neuguinea, Ostafrika oder bei uns in Deutschland überein: Sonntags trägt auch in Südafrika jedermann seine besten Kleider. »Man zeigt damit sich selbst und anderen, daß man Mensch geblieben ist«, erläutert ein Südafrikakenner.
Manfred Perlitz

Modell 4

Singspiel zu Ostern

Voraussetzungen und Motivation

Die Kinder werden den Inhalt des Singspiels nur dann recht verstehen und sich mit einer wünschenswerten positiven Einstellung aneignen, wenn eine kindgemäße Einführung in die Passions- und Ostergeschichte vorangegangen ist. Ein Mindestmaß an Vorbereitung kann durch das Bilderbuch »Jesus ist auferstanden« oder die Dia-Serie zum Bilderbuch (beides aus der Württembergischen Bibelanstalt 1970) geleistet werden. Zweckmäßigerweise wird man die Behandlung des Bilderbuches bzw. der Dia-Serie in mehrere Arbeitsschritte aufteilen.
Für das Erlernen des Singspiels werden die Kinder dann motiviert, wenn es gelingt, sie etwas von der Freude über das Ostergeschehen spüren zu lassen. Hinzukommen kann dann noch eine äußere Motivation in Form eines Ziels: wir erlernen das Spiel, um es zu Ostern oder an einem Sonntag nach Ostern im Gottesdienst bzw. Kindergottesdienst aufzuführen. Im allgemeinen werden Pfarrer einen Vorschlag zur Mitgestaltung eines Gottesdienstes durch eine Kindergruppe gern aufnehmen. Wegen seines Verkündigungscharakters paßt das Spiel auch gut in einen Gottesdienst hinein! Es ist aber auch denkbar als Auftakt zu einem Eltern- oder Mütternachmittag in der österlichen Zeit.

Behandlungszeitraum und Zielsetzung

Der Behandlungszeitraum wird durch den Termin einer Aufführung festgelegt. In den meisten Fällen wird man das Spiel ganz oder größtenteils schon vor den Osterferien einüben müssen. Da Passion und Ostern eine inhaltliche Einheit bilden, erheben sich vom Stoff her dagegen keine Bedenken. Im übrigen ist das kleine Spiel schnell zu erlernen, da die ganze Gruppe nur mit dem Hauptlied beschäftigt wird, und der übrige Stoff auf sechs Sprecher und einen Sänger zu verteilen ist, die bis zur Probe des Ganzen erst einmal getrennt üben können. Nachdem die einzelnen Stücke erlernt sind, müssen sie zu einem Ganzen zusammenwachsen. Die Kinder müssen einige Sicherheit gewinnen. Das bedingt aber, daß das Singspiel mehrfach, möglichst an verschiedenen Tagen, durchgeprobt wird. Mit Vorschulkindern werden wir auch bei diesem Spiel keine Perfektion, wohl aber eine gewisse Aufführungsreife erstreben.

Ablauf des Singspiels

Alle Kinder singen:
Jesus ist Sieger, Jesus ist frei,
Ketten des Todes sprangen entzwei,
Gott hat beendet Jammer und Leid:
Jesus ist aus dem Grabe befreit.
Halleluja, Jesus lebt!
Halleluja, Jesus lebt!

Ein Kind spricht:
Jesus lag in Grabesnacht,
Wächter hielten scharfe Wacht.
An der Tür ein großer Stein
Kündet: Niemand darf hinein!

Ein zweites Kind spricht:
Jesu Feinde trieben Spott,
Seine Jünger litten Not.
Es gab keine Hoffnung mehr,
Und die Frauen weinten sehr.

Ein drittes Kind spricht:
Doch Gott hat durch seine Macht
In der heil'gen Osternacht
Jesus wieder auferweckt
Und die Wächter sehr erschreckt.

Ein viertes Kind spricht:
Fortgewälzt war früh der Stein,
Jeder konnt' zum Grab hinein,
Und ein Engel sagte an,
Was Gott in der Nacht getan.

Pädagogische Hinweise

Die Kinder stellen sich am besten in einem zu den Gottesdienstteilnehmern – bzw. bei einer anderen Veranstaltung zu den Zuschauern – offenen Halbkreis auf. Die »Solisten« treten jeweils für die Dauer ihres Parts vor.

Nach einer allgemeinen Einführung, in der alle Kinder die notwendigen Wort- und Sacherklärungen erhalten, üben die »Solisten« ihre Beiträge gesondert von der Gruppe.

Auf eine Kostümierung dürfen wir ganz verzichten. Lediglich der Engel könnte durch eine weiße Stola kenntlich gemacht werden.

Ein regelrechtes Rollenspiel ist durch den besonderen Inhalt wie auch durch den raschen Szenenwechsel ausgeschlossen. Eine bescheidene Gestik ist denkbar (z.B. eine abwehrende Hand bei den Worten »niemand darf hinein« oder eine befehlende Geste beim Auftrag des Engels).

Ein Kind (Engel) singt:
Im Grab war Jesus kurze Zeit,
Lebt nun bei Gott in Ewigkeit.
Er will sein neues, herrlich' Leben
Aus Gnad auch all den Seinen geben.
Drum froh ans Werk! Sagt aller Welt,
Daß Jesus stets den Sieg behält.

Die dem Engel in den Mund gelegten Worte gehen über die biblische Überlieferung hinaus, beinhalten aber eine Zusammenfassung der neutestamentlichen Osterbotschaft. Hier wird eine Linie ausgezogen, die mit dem Auftrag des Engels beginnt (die Jünger sollen sich aufmachen, um von dem Auferstandenen selbst weitere Weisung zu empfangen).

Ein fünftes Kind spricht:
Was gesagt des Engels Mund,
Wird der ganzen Welt bald kund.
Gottes Treue immerdar
Rühmt die tapf're Jüngerschar.

Ein sechstes Kind spricht:
Und noch heut' von Land zu Land
Machen wir es froh bekannt:
Jesus rettet uns vom Tod,
Führt uns alle heim zu Gott.

Alle Kinder singen (wie zu Beginn):
Jesus ist Sieger, Jesus ist frei,
Ketten des Todes sprangen entzwei.
Gott hat beendet Jammer und Leid:
Jesus ist aus dem Grabe befreit!
Halleluja, Jesus lebt!
Halleluja, Jesus lebt!

Unabhängig von einer Aufführung des Singspiels könnten wir das Lied der Gruppe in der österlichen Zeit häufiger mit den Kindern singen.

Text: *Hans Büscher*

Musik: Karlheinz Stichmann

Je-sus ist Sie-ger, Je-sus ist frei, Ket-ten des To-des spran-gen ent-zwei.
Alt Xyl.
Hand-trommel
Pauke
Gott hat be-en-det Jam-mer und Leid Je-sus ist aus dem Gra-be be-freit.
Triangel
Cymbel
I Hal-le-lu-ja, II Je-sus lebt! I Hal-le-lu-ja, II Je-sus lebt!
I Hal—le—lu—ja, Je-sus lebt! I+II Hal-le—lu—ja, Je—sus lebt!

Im Grab war Je-sus kur-ze Zeit, lebt nun bei Gott in E-wig-keit. Er will sein
Alt Xyl.
Hand-trommel
Pauke
Triangel
neu-es, herr-lich' Le-ben aus Gnad auch all den Seinen geben. Drum froh ans
Alt Xyl.
Hand-trommel
Pauke
Triangel
Werk! Sagt al-ler Welt, daß Je-sus stets den Sieg be-hält, daß Je-sus
Alt Xyl.
Hand-trommel
Pauke
Triangel
stets den Sieg be-hält.
Alt Xyl.
Hand-trommel
Pauke

Modell 5

Wie sich das heute wiederholt ...

Alternative Vorschläge zur Entfaltung einzelner Elemente des Passions- und Ostergeschehens

In den Kindergartenprojektgruppen des Evangelischen Zentrums Rissen hat sich in den letzten Jahren ein grundlegender Wandel im Umgang mit biblischen Geschichten vollzogen. Der Slogan »Weniger Bibel kann mehr Bibel sein« drückt diesen Lernprozeß nur sehr unvollkommen aus.
An den Erkenntnissen über kindliche Lernvorgänge darf die Kirche wohl nicht ungestraft Jahrzehnte vorbeilaufen. Wir wissen, daß zum Lernen Motivation und Neugierspielraum gehören. Wir wissen, daß Worte allein für Kinder zuwenig sind. Beide Erkenntnisse drängen zu konsequenten Veränderungen im Umgang mit der Bibel vor Vorschulkindern. Statt möglichst viel biblischen Stoff oder sogar erste »heilsgeschichtliche Bögen« vermitteln zu wollen, versuchen wir biblische Aussagen zu *elementarisieren*. Viel biblisch-lexikalisches Beiwerk der Erwachsenenfassung einer Geschichte kann getrost beiseite bleiben; wir spüren die existenziellen Grundelemente auf, Details und weitere Bedeutungsschichten haben Zeit bis später, denn Religionsunterricht, Kindergottesdienst, Konfirmandenunterricht folgen. Wer zu früh zuviel bietet, tötet Neugier. Wer zu früh auf noch nicht gestellte Fragen antwortet, muß sich nicht wundern, wenn später kaum noch religiöses Frageinteresse vorhanden ist. Mit allen Mitteln ganzheitlicher Pädagogik vermitteln wir elementarisierte Vorformen biblischer Geschichten. Selten wird etwas zu Ende erzählt, nein, Geschichten entstehen – nach gegebener Exposition – in gemeinsamem Erfinden und Erspielen. Dazwischen stehen »Gesprächsinseln«, dann wird gefragt, wie es wohl weitergehen könnte. Das Ganze empfinden die Kinder schließlich als »ihre Geschichte«. Vor allem sollen sie schon im Vorschulalter erfassen, dies sind keine Geschichten von damals! Sie geschehen

immer wieder (jeder zweite biblische Text ist doch tatsächlich voller »Kehr-Wieder-Situationen«); Kinder sollen lernen, wir kommen in diesen Geschichten vor, sie meinen uns, es sind unsere Situationen; uns wird in diesen Geschichten Mut gemacht, wir werden eingeladen zum Lieben, Hoffen und Vertrauen.

Folgende Elemente der Passions- und Ostergeschichten sind Vorschulkindern auf ganzheitliche Weise erschließbar: alle zeigen auf einen, verspotten, verlachen, beschuldigen ihn – einer wird von seinen besten Freunden allein und im Stich gelassen, aber er vergibt ihnen – Jesus hatte Freunde und Feinde – nach Ostern breitet sich große Freude aus, die fröhliche Nachricht sagt man weiter, Jesus ist lebendiger als vorher.

In der Praxis haben sich folgende Phasen bewährt:

A. Im Anschluß an die »Katechetische Spielmappe 3« (»Wenn einer keinen Freund hat«) bereiten die Mitarbeiter eines Kindergartens ein kleines wortloses Schattenspiel vor einer weißen Wand vor. Es wird allen Kindern als »Rätselspiel ohne Worte« angekündigt. Danach kann von den Kindern vielfältig (auf ihrem jeweiligen Erfahrungsgrund) verbalisiert werden, was da wohl passiert sei, wo so etwas geschehen könnte und ob es immer so schlimm für den ausgehen muß, der in der Mitte steht.

Zur Technik des Schattenspiels bei tiefgestellter Lichtquelle vergleiche Wolfgang Longardt, Spielbuch Religion, S. 20f. Tiefgestellte Lichtquelle vergrößert Spieler, die in etwa einem Meter Abstand vor der Wand agieren, erheblich; jeder sieht dann nicht mehr auf sie, sondern auf die großen Schatten. Einer steht gesenkten Kopfes in der Mitte, von links und rechts kommen immer mehr Finger ins Bild, die auf ihn zeigen; schließlich sinkt der Beschuldigte in sich zusammen. Zweimal wird dieses Rätselspiel von erwachsenen Mitarbeitern vorgeführt. In den Gruppen erfolgt dann das Verbalisieren, das Gespräch, die Veränderung der Geschichte, damit sie besser ausgeht für den in der Mitte.

Die Kinder malen neue Schlüsse auf, spielen sie mit Kasperpuppen oder selbst im Schatten: einer tritt dem Beschuldigten an die Seite, oder aus Händen, die eben noch höhnisch anklagten, werden solche, die Mitleid spüren und den »Sündenbock« aufrichten. Sind die Kinder gewohnt, daß ihnen nicht jede Geschichte wie ein literarisches Fertiggericht sofort vollständig dargeboten wird, so erfinden sie Fortsetzungen.

Ein Christus-Bild vom verspotteten Jesus gibt dann den nächsten Impuls. Die Erzieherin erzählt in sparsamen Informationen, wie es zu dieser Situation kam; alles andere lesen die Kinder vom Bild ab. Daß Jesus auch solche Situation kennt und durchlitten hat, ist letztlich auch eine Ermutigung zum Gebet, wenn wir uns so als Zielscheibe, als Unverstandener fühlen.

B. Mit einem Bild der weglaufenden Freunde Jesu oder dem Erzähllied »Sag, wie man Christ gefangennahm« (»111 Kinderlieder zur Bibel«), kann den Kindern ganzheitlich erschlossen werden, wie Jesus im Stich gelassen wird. Die Liedzeile »... die Jünger flohen allzusamm'« ist körperhaft nachzugestalten, die Melodie versinkt, so wie der Mut der Freunde Jesu sinkt. Vgl. dazu die Spielidee Nr. 30 in »Spielbuch Religion«. Das Bild der Weglaufenden kann nachgespielt werden. Jesus bleibt allein; Petrus, der als bester Freund versprochen hatte, in jedem Fall treu bei ihm zu bleiben (»... und wenn ich mit dir sterben müßte«), läuft auch weg. Aber er geht dann in den Hof, wo man Jesus gefangenhält; er will sehen, was mit seinem Herrn geschieht. Als man ihn aber erkennt, sagt er: »Nein, ich kenne ihn nicht.« Ein Sprechspiel mit diesem Satz, ein körperhaftes Nachgestalten dieses Satzes voller Angst, ist Kindern elementar erschließbar. Schließlich schreit Petrus sogar: »Nein, ich kenne ihn nicht.« Wie muß Jesus traurig gewesen sein ...
Dieses Teilelement des Geschehens kann gezeichnet, nachgespielt und im Gespräch vertieft werden. Die Kinder staunen, daß Jesus dem Petrus das vergibt. Später darf er noch viel für die Sache Jesu tun. Wie ist das, wenn wir uns eines Freundes schämen? Wie ist es, wenn wir uns schämen vor den anderen, daß wir beten oder in eine Kirche gehen? Manchmal ist es schwer zu sagen, daß man Freund Jesu ist; andere lachen dann. Aber Jesus macht uns Mut, er versteht uns, er hat uns lieb ...
Den Vier- und Fünfjährigen erzählen wir nicht detailliert, wie Jesus gekreuzigt und begraben wurde. Von manchen, in Vorformen erzählten Situationen – etwa dem Einzug in Jerusalem oder dem Streit vor dem Haus des Zachäus – wissen sie, daß Jesus Feinde hatte. Sie haben ihn umgebracht. Sie sagten, so wie er von Gott erzählt, so darf man nicht reden, mit bösen Leuten darf man sich nicht an einen Tisch setzen. Alle Leute sollen auf uns, die Priester, hören und nicht Jesus nachlaufen. Wir sagen, sie haben ihn umgebracht.

C. Aber wie traurig die Freunde dann waren, das ist erschließbar. Wie sieht einer aus, der traurig ist, wie geht er, wie sitzt er? Auch daß die Feinde Jesu froh waren und glaubten, nun würde bald alles von Jesus vergessen sein, hilft zum plastischen Verständnis der Situation; vgl. dazu »Neue Kindergottesdienstformen«, (Gütersloher Verlagshaus Gerd Mohn 1973), S. 159. Dann aber kommt die gute Nachricht: »Habt ihr schon gehört? Jesus lebt!« Mit Glocken, die einander Echo geben, mit der freudigen Gebärde des Weitersagens läßt sich die wachsende Freude darstellen. Nun staunen die Freunde Jesu, viele sprechen wieder von Jesus. Man beginnt Hoffnung zu schöpfen, man singt, man feiert, einige erzählen: »Wir haben ihn gesehen, er ging neben uns, er hat mit uns zu Tisch gesessen. Das haben wir nicht geträumt. Gott hat ein Wunder getan, freut euch. Jesus ist wieder bei uns.«

Osterlieder wie »Hört ihr's läuten ...« (»111 Kinderlieder zur Bibel«) oder ähnliche, die Freude thematisierende Gesänge regen an, daß auch in der Osterfeier des Kindergartens Freude Gestalt werden kann. Jahre später, nach und nach reichern sich diese Teilelemente an, und die Kinder entdecken neben Dingen, die sie lieben gelernt haben, noch viel Neues.

Wolfgang Longardt

Modell 6

Jesus fragt nicht, welche Sprache man spricht

Zielvorstellungen

- Bewußtmachen, daß Sprache sich entwickelt und nicht einheitlich auf der ganzen Welt sich entwickelt.
- Bewußtmachen, daß unsere Sprache nicht »die« Sprache der Welt ist.
- Vorurteile gegenüber anderssprechenden Menschen in Anfängen abbauen.
- Erkennen, daß die Menschen zur Zeit Jesu eine ganz andere Sprache gesprochen haben.
- Das Leben in anderen Ländern kennenlernen und dabei erfassen, was es heißt: andere Länder – andere Sitten – andere Sprachen.
- Erkennen, daß Jesus für alle Menschen da ist, gleich welcher Hautfarbe, Rasse und Sprache.

Möglicher Ablauf

Im Gespräch mit den Kindern erarbeiten, wer schon einmal in den Ferien dorthin verreist war, wo die Menschen anders sprechen. Dabei werden von den Kindern Wörter des täglichen Umganges in anderen Sprachen genannt, z.B. Guten Tag, Bitte, Danke, Brot, Essen ... Es sollte an dieser Stelle möglichst auch herausgearbeitet werden, daß die Menschen innerhalb eines Landes unter-

Didaktischer Kommentar

Dieses erste Gespräch ist von Wichtigkeit, weil die Kinder somit gleich erfahren, daß die Sprache einem Prozeß unterliegt, daß sie Veränderungen durchmacht, und daß sie in der jetzigen Form geworden ist. In einem Kindergarten brachten die Kinder von allein keine erlebten Wörter in anderer Sprache oder anderer Mundart. Hier wurde die Anregung in die Kindergruppe gegeben,

schiedliche Ausdrucksweisen haben. Sollten die Kinder keine erlebten Beispiele bringen, kann vom Erzieher folgende Anregung gegeben werden: Weißkäse – Quark – Topfen – Matte – Schmierkäs oder Zieger.
In einem zweiten Gespräch sollten die Kinder in der Gruppe bewußt an einzelnen Wörtern nachvollziehen können, daß viele Wörter Gemeinsames aufweisen, daß sie ähnlich klingen.

zu Hause bei Geschwistern und Eltern nach andersklingenden Wörtern zu fragen. Die Kinder kamen mit vielen Beispielen zurück in den Kindergarten, und die Erzieherin hatte ohne viel Mühe das Elternhaus für diese Themenreihe interessiert.

Hier einige Beispiele:

Deutsch:	Mutter	Nase	sechs	neu
Englisch:	mother	nose	six	new
Französisch:	mère	nez	six	nouveau
Niederländisch:	moeder	neus	zes	nieuw
Italienisch:	madre	naso	sei	nuovo
Russisch:	madj	nos	schestj	nowij
Schwedisch:	moder	näsa	sex	ny

Methodische Hinweise

Die hier aufgeführten Wörter sollen nur Hinweise sein, auf keinen Fall sollen sie so etwas wie ein »Pensum« für das Gespräch mit den Kindern darstellen. In einem Kindergarten haben wir nur die englischen und die italienischen Wörter benutzt, denn diese Sprachen sind von den Kindern eingebracht worden. Wichtig ist einfach, daß die Kinder vom Klang her die Verwandtschaft der Sprachen erfahren. Eine Kindergruppe hat versucht, diese Wörter zu rufen und auf Tonband zu sprechen, so daß der Wortklang noch mehr vertieft wurde.

In diesem zweiten Gespräch geht es nicht darum, die Kinder Wörter anderer Sprachen zu lehren, sondern darum, ihnen die Verwandtschaft der Sprachen untereinander zu zeigen, denn so kann das erste Gespräch vertieft werden, indem der Prozeßcharakter der Sprachen erfahren wurde.

Da die Kinder jetzt erfahren haben, daß die Menschen in den verschiedenen Ländern unterschiedlich sprechen, sollten sie auch noch erfahren, daß die

Menschen unterschiedliche Lebensgewohnheiten haben. Hierbei helfen uns die vielen Fotobilderbücher, die in realistischer Weise und auf kindgemäße Art versuchen, die Eigenarten des Lebens in anderen Ländern darzustellen. (Natürlich soll in diesem Zusammenhang auch wieder auf Erlebtes der Kinder eingegangen werden, denn Kinder, die schon einmal im Ausland Ferien gemacht haben, werden wissen, daß es dort andere Speisen und dergleichen gibt.)

Als Fotobilderbücher seien empfohlen:

1. Randi aus Norwegen
   Anna Riwkin-Brick/Astrid Lindgren
2. Eli aus Israel
   Anna Riwkin-Brick/Lea Goldberg
3. Elle Kari
   Anna Riwkin-Brick/Elly Jannes
4. Japi
   Anna Riwkin-Brick/Astrid Lindgren
5. Lasse aus Darlana
   Anna Riwkin-Brick/Astrid Lindgren
6. Marko
   Anna Riwkin-Brick/Astrid Lindgren
7. Sia wohnt am Kilimandscharo
   Anna Riwkin-Brick/Astrid Lindgren
8. Mokihana
   Anna Riwkin-Brick/Eugenie Söderberg
9. Noriko San
   Anna Riwkin-Brick/Astrid Lindgren

Alle diese Bilderbücher sind keine speziellen religiösen Bilderbücher, sie eignen sich aber sehr gut für dieses Thema, weil sie in ganz sachlicher Weise die Eigenheiten eines Landes kennzeichnen. Dabei sind sie für den kindlichen Betrachter so interessant, weil sie nicht in belehrender Weise ansetzen, sondern sich als Ansatzpunkt die hiesige Erlebniswelt des Kindes zu eigen machen.

Je nach Bedarf muß der Erzieher aus dem reichhaltigen Angebot der Fotobilderbücher auswählen und sie nach den allgemeinen Grundsätzen einer Bilderbuchbetrachtung an die Kinder heranbringen, dabei kommt es darauf an, durch geeignete Methoden das Gesehene zu verlebendigen.

Schon während der Bilderbuchbetrachtungen, aber ganz gewiß als Zusammenfassung des Erlebten sollte mit den Kindern erarbeitet werden, an welchen Stellen sie Gemeinsamkeiten unter den Menschen in den verschiedenen Ländern festgestellt haben.

Auf diese Weise wird der Grund dafür gelegt, zu verstehen, daß alle Menschen Gott den Vater nennen können.

Methodischer Hinweis

Die Gemeinsamkeiten können bei einer nochmaligen Durchsicht der Bilderbücher festgestellt werden. Eindrucksvoller ist allerdings folgende Methode, die in einem Kindergarten durchgeführt wurde und auf die die Kinder spontan reagierten. In kleinen Gruppen haben die Kinder sich Handpuppen hergestellt, und zwar fertigte jede Gruppe Puppen aus einem anderen Land. Schon an der spezifischen Kleidung konnten Gemeinsamkeiten und Unterschiede zwischen den Gruppen sichtbar gemacht werden. Dann haben die Kinder einen Tagesablauf mit den Handpuppen dargestellt, zunächst innerhalb der einzelnen Gruppen und dann in gemischten Gruppen. Es wurde deutlich, daß die Grundbedürfnisse aller Menschen gleich sind oder sich zumindest sehr ähneln.
Als Abschluß und als Zusammenfassung solch einer Aktivität ist folgendes Gedicht geeignet:

Alle Kinder schlafen

Indianerkind
im Wilden Westen
hört im Schlaf den Wind
zwischen Blättern und Ästen,
geborgen in Mutters Arm.
Das Negerkind
unterm Grashüttendach
tief in Afrika,
es hört in der Nacht,
wie der Löwe brüllt,
die Hyäne lacht;
es schläft auf der Matte,
mit Decken umhüllt,
geborgen in Mutters Arm.

Das weiße Kind
schläft, den Himmel nah,
unterm Hochhausdach,
und was hört es da?
Hoch oben das Flugzeug
und das Schiff auf dem Meer,
und im Traume summen
Hummeln umher –
es spürt nicht den Regen,
es spürt nicht den Wind,
geborgen in Mutters Arm.
Auf schwankendem Schiff
das Chinesenkind,
im Schein der Laterne,
gewiegt vom Wind,
hört den leisen Laut,
den das Segel macht,
und schläft in der stillen
Chinesennacht –
geborgen in Mutters Arm –
Die Kinder schlafen,
wenn Nacht niederfällt,
geborgen bei Mutter
in aller Welt.

Dieses Gedicht dient auch als Einleitung des letzten Gespräches dieser Themenreihe.

Als Hinweis und Begründung dafür, daß Gott in gleicher Weise der Gott aller Menschen ist, dient uns der Missionsbefehl (Mt 28, 16–20). Hier wird gesagt, daß Gott in allen Sprachen, in allen Ländern, unter allen Menschen wirken wird.

Herausgearbeitet werden im Gespräch noch einmal besonders die Gemeinsamkeiten der Kinder, die im Gedicht beschrieben werden.
Sprache muß keine Barrieren bauen, alle Menschen sind Jesus gleich wert.

Sehr eindrucksvoll ist es für Kinder, wenn man sich als Erzieher Bibelübersetzungen unterschiedlichster Art ausleihen kann, denn damit wird den Kindern sichtbar vor Augen geführt, daß die Geschichten von Gott und Jesus und ihre Auswirkungen in gleicher Weise für alle Menschen gelten.

Das Modell endet an dieser Stelle, doch in der Praxis ist jetzt eigentlich erst der Grundstein bei den Kindern gelegt, zu verstehen, was es bedeutet: »Jesus fragt nicht, welche Sprache man spricht«. In allen weiteren Themenreihen oder einzelnen Geschichten wird der Erzieher den Rückgriff auf diese Themenreihe leisten müssen, damit das Kind die praktischen Folgen dieser Themenreihe nachvollziehen kann.

Hella von Vegesack

Modell 7

Ich – du – wir – und die anderen auf der Straße ...

Spiel- und Arbeitseinheit mit Variationen zu Lukas 10, 30–37

Didaktische Vorbemerkungen

Unter religionspädagogischen Praktikern des Vorschulbereiches, die ihre Arbeit kritisch reflektieren, wächst die Erkenntnis, daß biblische Geschichten Kindern nicht voraussetzungslos vermittelt werden können. Früher glaubte man, zu diesen Voraussetzungen gehöre lediglich eine altersstufengerechte Information über »Land und Leute von damals«; dann wären – natürlich unter Berücksichtigung kindgemäßer Sprachweise – biblische Geschichten vermittelbar.

Nun wissen wir heute, daß man nicht ungestraft alle biblischen Geschichten allen Altersstufen erzählen kann; ja, daß überhaupt der rein verbale Vermittlungsvorgang von Geschichten in seiner didaktischen Funktion niedriger einzuordnen ist, als das weithin in unreflektierter Praxis geschieht: Worte allein sind zuwenig!

Aber eine viel wesentlichere Voraussetzung zum Sich-Hineinfinden und Sich-Aneignen biblischer Kerngeschichten als Bilder menschlicher Grundsituationen ist, daß wir Kindern heute in hohem Maße zunächst soziotherapeutische Trainingshilfen geben müssen, ihnen gleichsam das nötige menschlich-kommunikative Instrumentarium vermitteln müssen, damit nicht Bilder und Angebote des Evangeliums unvollziehbar »neben dem Leben« – fern der Existenz der Kinder stehen. Auf einer Trainings- und Erfahrensbasis der Sensibilisierung, des phantasievollen Sehens, Hörens, der Ermutigung zu sich selber, kann erst das nötige Kontaktinstrumentarium erworben werden, das was Jesus anbietet zu hören und erprobend mit den eigenen Möglichkeiten zu verbinden.

Nur »Zuspruch« von existentiellen, religiösen Grundwahrheiten zu geben, das wäre unbarmherzig wenig. Das Evangelium zielt befreiend und verändernd auf alle Lebensbereiche: also auch da, wo wir anderen begegnen, mit ihnen kommunizieren, Partner sind oder uns üben, es zu werden.
Dieses Modell integriert darum Anliegen aus den Bereichen des sozialen Trainings, der Phantasieerziehung, der Verkehrserziehung mit der »guten Nachricht« Jesu, wie sie exemplarisch in der Geschichte vom Samariter dargestellt ist.

Pädagogisch-theologische Zielvorstellungen

Geschichten, die Jesus erzählt, werden auch von Vorschulkindern oft als »Geschichten von damals« empfunden. Daß aber viele als Urmodelle menschlichen Verhaltens sich heute auch noch ständig wiederholen und gleichsam »Kehr-Wieder-Geschichten« sind, soll den Kindern in immer neuer Veränderung und Ausweitung der von Jesus erzählten Thematik entfaltet werden.
Sie sollen angeleitet und ermutigt werden zu verantwortlichem Umgang miteinander und mit anderen auf der Straße – und dies auf dem Hintergrund des Evangeliums, hier der Worte Jesu vom barmherzigen »Gottesdienst« auf der Straße.

Anmerkung: Auf die Aufstellung einer Teilzielkette wird absichtlich verzichtet, um dem Irrtum einzelner Didaktiker entgegenzutreten, als würden Vorschulkinder sich in ihren Lernprozessen logisch fortschreitend von einer Erkenntnis zur anderen fortbewegen.
Auch sind die einzelnen Bausteinvorschläge in ihrer hier abgedruckten Abfolge keineswegs verbindlich!
Die pädagogische Situation einer Kindergruppe kann zu Entscheidungen führen, manches, hier von zwei Praxisgruppen erprobte Element, überhaupt wegzulassen, erheblich auszuweiten oder zu intensivieren.

Benötigte Materialien

Das biblische Spiellied »Die Straße von Jerusalem« (aus: Gerd Watkinson [Hg.]: 111 Kinderlieder zur Bibel, Lahr und Freiburg: Verlag Ernst Kaufmann und Christophorus Verlag 1968).
Bildband »Der Barmherzige Samariter« (aus der Reihe »Was uns die Bibel erzählt« der Württembergischen Bibelanstalt).
Spielrequisiten: Kleine Verbandstaschen mit Inhalt (zum Verbrauch!), Roller, Dreirad, kleiner Handwagen usw.
Umhänge oder Mützen in verschiedenen Farben zum Kenntlichmachen verschiedener, austauschbarer Personen und Rollen.

Arbeitsformen

Stegreifspiel, Ausnutzen von Bildimpulsen, Gruppengespräch, rhythmisch-musikalisches Ausgestalten eines Spielliedes.

Mögliche Modell-Elemente

Baustein A

Auf dem Fußboden markieren wir zwei verschiedene Straßen, eine ziemlich gerade, breite, und eine enge mit vielen Windungen.
Mit den bereitgestellten Fahrzeugen (Roller, Dreirad, kleiner Handwagen) befahren und begehen die Kinder die Straße.
Vielleicht gibt es auf der engen, kurvenreichen Straße bald einige Zwischenfälle (entweder eine Verkehrsstockung, weil die Straße so eng ist und man schlecht ausweichen kann – oder sogar einen kleinen »Unfall«; beim plötzlichen Ausweichen könnte der Handwagen umkippen, die Ladung auf die Straße kullern; zwei Rollerfahrer können gerade im letzten Moment noch abspringen und stoppen etc.).
Möglicherweise kommen die Kinder noch nicht auf den Gedanken, daß einer die Rolle eines Verkehrspolizisten übernimmt und ordnend eingreift.
Vielleicht wollen einige Kinder die enge Straße mit den vielen Kurven jetzt etwas verbreitern oder die »Spielregel« ausgeben: »In den engen Kurven muß man langsam fahren und scharf an der rechten Seite, damit keiner der Entgegenkommenden behindert wird.« (Man könnte ja ein Verkehrsschild malen und dort aufstellen! Aber was müßte da aufgemalt werden?)
In einer Spielpause entwickelt sich ein Gespräch über alles, was auf der Straße passieren kann:
Manche haben es so eilig, daß sie mit aller Gewalt und rücksichtslosem Überholen-Wollen andere Fahrer und Passanten gefährden. Der Meinung, daß die Polizei schon alles in Ordnung bringt, muß widersprochen werden.
Es kommt darauf an, daß jeder mit offenen Augen fährt und auf den anderen achtet. (Der vor mir will auch heil nach Hause kommen!)
Wenn etwas passiert ist, hilft es nicht, nur zuzugucken!
Wir reden darüber, was man tun kann: die anderen Verkehrsteilnehmer warnen, Hilfe holen, telefonieren, den Verletzten helfen, usw. – In einer weiteren Spielrunde beobachten wir, wie die Kinder sich üben, auf der breiten und auf der engen Straße etwas mehr aufeinander zu achten. Vielleicht geschieht ein neuer Zwischenfall. Aus dem Bilderbuch »Der Barmherzige Samariter« betrachten wir zwei Bilder, auf denen Passanten an einem Verletzten vorbeigehen. Würden wir es anders machen? Wie wäre es, wenn wir verletzt daliegen würden?

Baustein B

Ein oder zwei Tage nach den »Straßenspielen« – die ganz sicher noch durch das Aufstellen und Bekanntmachen der wichtigsten Verkehrszeichen ergänzt worden sind – sehen und hören die Kinder heute die ganze Geschichte, die der Evangelist Lukas aufgeschrieben hat. Wenn wir mit den Kindern die Szenenfolge aus dem genannten holländischen Bilderband betrachten, sind nur wenig erklärende Worte nötig; denn diese Geschichte schildert eine Straßenszene mit schlichteren Verkehrsmitteln: die meisten gingen zu Fuß oder waren mit einem Esel unterwegs. Aber auch damals konnte es passieren, daß die Vorübergehenden plötzlich einen fanden, der hilflos auf der Straße lag.
Im Gegensatz zu den in der vorigen Spieleinheit aufgemalten Straßen machen wir die Kinder nun mit der gefährlichen Straße von Jerusalem nach Jericho bekannt.
Die Melodie des Liedes Nr. 41 aus »111 Kinderlieder zur Bibel« schildert, daß es keine ebene Straße war, sondern eine, auf der es bald bergauf und bald bergab ging:

Mit den Händen »malen« die Kinder den Weg in die Luft. Die Straße führt durch eine gebirgige einsame Gegend. Jeder ist froh, wenn er dort heil hindurchkommt; denn schon so mancher Reisende ist dort überfallen und ausgeraubt worden. So erzählt es Jesus in dieser Geschichte.
Am Überfallenen gehen nacheinander zwei fromme Passanten vorüber. Sie helfen nicht. (Wir spielen ihre näherkommenden Schritte auf einer Trommel; wir mimen ihren Gang, indem wir die jeweiligen Figuren der Bilder nachahmen.)
Natürlich wollen die Kinder auch den Mann spielen, der als Dritter kommt und sich bückt und hilft. Jesus erzählt, es war ein Ausländer, einer, über den man nicht gut sprach (ein Mann aus dem unbeliebten Volk der Samariter). Aber er zeigt Mitleid, er hilft.
Mit einer Binde aus der Reisetasche üben wir behutsam einen Arm- oder Beinverband. Lediglich auf den Esel könnte verzichtet werden; aber die Schritte beim Wegreiten machen wir auf einer Holzblocktrommel hörbar.
Die bildhafte Schlußszene beim Wirt läßt sich nun auch mühelos in ein Rollenspiel übertragen. Angeregt durch die Bildvorlage kann sich aus dem Stegreif ein kleiner Dialog entwickeln:
»Bist du der Wirt?«
»Ja! Was ist denn los?«
»Frag nicht so viel! Das siehst du doch!

Hilf mir; der Mann ist verletzt.«
»Schon gut! Wir bringen ihn ins Haus.«
»Sorg für ihn! Ich bezahl es dir ...«
Damit noch mehrere Kinder diese Rollen spielen können, werden die Szenen einige Male wiederholt.

Baustein C

In einem dritten Spiel- und Arbeitsgang soll deutlich werden, daß diese Geschichte, die Jesus damals erzählt hat, in ähnlicher Weise auf unseren Straßen immer wieder geschieht.
Es muß nicht immer ein Verkehrsunfall sein, wenn einer hilflos auf der Straße liegt. Vielleicht ist jemand krank und vor Schwäche auf der Straße zusammengebrochen. Vielleicht aber auch hat ihn jemand überfallen, zu Boden gestoßen und beraubt. Schlimm ist, wenn er da liegt und niemand sich um ihn kümmert.
Die Kinder werden motiviert sein, sich noch einmal ein oder zwei Straßen aufzumalen, und in einer Kurve – so beschließen sie – soll ein Hilfloser am Straßenrand liegen. Nacheinander kommen Fußgänger vorbei, Leute auf Dreirädern und Rollern; die meisten aber beachten ihn nicht. Andere sehen einen Augenblick hin, tun aber dann sehr eilig und fahren schnell weiter. Nur ein oder zwei Passanten kümmern sich um ihn.
Für diese Spielphase wäre es gut, daß zumindest »Kinder mit Fahrzeugen« etwas Verbandsmaterial wie eine kleine Notapotheke mit sich führen. Wir üben das Verbinden und das behutsame Auflegen eines Pflasters. Nach und nach werden daraus erste kleine Einführungen in den Umgang mit Verletzten.
In einer Spielpause kreist das Gespräch um die Gründe und Ausreden der Leute, die vorbeigehen oder vorbeifahren, ohne zu helfen.
Die Kinder werden allerlei Gründe zusammentragen können:
Einer hat keine Zeit und muß schnell zum Dienst; der andere ist fein angezogen und will zu einer Geburtstagsfeier usw.
Wir überlegen, ob es für Kinder auch Ausreden gäbe, nicht zu helfen.
»Kinder haben es auch manchmal eilig«, meint jemand. Ein anderer sagt: »Zur Geburtstagsfeier hat man seine guten Sachen an und will sich nicht schmutzig machen«; und ein Dritter: »Vielleicht ist es Sonntag, und im Sonntagskleid will ein Mädchen rasch zum Kindergottesdienst ...« usw.
Falls eine solche Kinderäußerung kommt, wären wir wieder nahe an der Geschichte, die Jesus erzählt hat; denn da ging es auch um einen Gottesdienstbesucher, der meinte, seine guten Gründe zu haben, daß er nicht helfen könne.
Entscheidend aber wird in allen Spielversuchen und vertiefenden Gesprächen

das Moment der Phantasieerziehung sein, des Mitfühlens mit dem, der Hilfe braucht.
Nicht immer liegt einer, der Hilfe braucht, auf der Straße. Manchmal ist er auch mit unterwegs, und wir sehen ihn kaum oder drängeln ihn beiseite.
Wenn wir nun zum Schluß noch einmal die Bildgeschichte betrachten oder unsere Straßenszene spielen, so wie sie heute passieren kann, dann ist vielleicht ein wenig deutlich geworden, was Jesus sagen wollte: Wenn ihr einem Hilflosen beisteht, dann tut ihr »Gottesdienst«.

Schlußbemerkung

Unter dem massiven Skopus-Anspruch älterer Religionspädagogik ist diese Jesus-Geschichte aus Lukas 10 hier sicher zuwenig ausgeschöpft, aber wenn wir nur im ersten Spielvorgang keine Zugänge verbaut haben, dann dürfte späteren interessierten Neubegegnungen der Weg bereitet sein.
Wer sorgfältig beobachtet, erkennt, daß die Motive vieler Jesus-Geschichten gleichsam einen starken Eigensog haben. Wir Erwachsenen müssen insbesondere bei Vorschulkindern nicht so viele Worte von uns dazusetzen. Der Reiz liegt in der starken Bildhaftigkeit und in der Übertragbarkeit auf viele ähnliche Situationen, die Kinder erleben.

Wolfgang Longardt

Modell 7a

(Alternativmodell)

Vom rhythmischen Spiel zur biblischen Straßengeschichte

Ein Rissener Seminarmodell

Vorbemerkung

Das nachfolgende Modell versucht, über die Elemente Gehen, Stolpern, Fallen und Hilflos-am-Boden-Liegen die Grundform einer biblischen Kerngeschichte ganzheitlich zu erspielen. Unter Verzicht auf die typischen Erwachsenen-Pointen dieser Jesus-Geschichte (Lukas 10) wird alles gleichsam auf den elementaren Handlungskern reduziert. Auf manche biblische Bezeichnung wird getrost verzichtet, zusätzliche Bedeutungsschichten werden »vertagt«. Das hat Zeit, denn es ist zunächst wichtig, daß »Neugierspielraum« bleibt. Die Erstbegegnung mit dieser Geschichte darf nicht den alten Fehler katechetischer Vollständigkeit begehen. Es soll später auch noch viel zu entdecken sein an dieser Straßengeschichte, in der Jesus von einem Mann erzählt, der hilflos am Wege lag. Dieser Mann war nun darauf angewiesen, daß sich Vorüberkommende seiner annahmen.

Tonbandprotokoll einer Gruppenarbeit mit Vier- und Fünfjährigen

E. *(nach ca. 10 Minuten rhythmisch-musikalischen Spieles mit unterschiedlichen Bewegungsformen):* »Ich staune, wie ihr gut schleichen könnt, so leise wie Katzen ...«

K.: »Wie Indianer im Fernsehen.«

E.: »Zieht euch bitte noch nicht wieder an, hier in der Mitte unter der Turnmatte hab' ich noch eine Überraschung für euch versteckt. Ich spiel' ein paar Töne ›Schleichmusik‹ auf meiner Flöte, und ihr schleicht, wenn ihr mögt, noch einmal alle hier zur Mitte.«
(E. spielt auf der Flöte ein leises Dreitonmotiv.)

E.: »Prima habt ihr das gemacht, ihr seid so leise geschlichen, daß meine Flöte noch gut zu hören war. – Wißt ihr auch, daß man sogar im Sitzen schleichen kann?«

K.: »Wie das denn?«

K.: »Im Sitzen? Komisch!«

E.: »Seht, ich ziehe einfach meine Schuhe über die Hände.«

K. *(laufen auseinander):* »Das mach' ich auch!« – »Ich hol' meine« – »Ich auch!«

E.: »So, nun sind alle vom Schuheholen zurück, es kann losgehen.«

K.: »Spielst du wieder Schleichmusik?«

E.: »Jetzt hab' ich ja keine Hand frei zum Flöten. Ich möchte auch mit den Schuhen im Sitzen schleichen.«

(Man hört den Schleichrhythmus der Gruppe, durch die meist harte Besohlung der Schuhe klingt es aber schon fast wie Gehen. Plötzlich imitiert die Erzieherin mit ihren Schuhen ein Stolpern. Die Kinder sind überrascht.)

K.: »Da ist einer hingefallen!«

K.: »Da lag was auf'm Weg.« – *(E. beginnt erneut den Schuhrhythmus.)*

K.: »Ach so, das war nicht so schlimm.«

K.: »Tat nicht so doll weh.«

K.: »Geht schon wieder.«

(E. imitiert nun mit ihren Schuhen ein heftigeres Stolpern, im Grunde schon ein Geräusch, als wenn jemand hinfällt.)

K.: »Nun ist er aber hingeplumpst.«

K.: »War auch nicht so schlimm.« *(Es »läuft« mit seinen Schuhen weiter – immer mehr werden aus den Schuhgeräuschen »Wanderschritte«.)*

E.: »Bernd könnte doch mal stolpern, und wir stolpern oder fallen dann schnell alle mit.«

(Bernd aber läßt sich Zeit, jeder wartet auf sein Stolpern, er scheint das zu genießen, aber dann geschieht es, und Bernds Fallgeräusch ahmt die Gruppe mit Getöse nach.)

K.: »Plautz, da liegt er aber.«

K.: »Jetzt tut was weh.« – »Das blutet vielleicht.«

(Es folgen plötzlich Kinderäußerungen über eigene Stürze und Verletzungen. Ein Junge erzählt, wie seine kleine Schwester sich das Bein gebrochen hat, da kam der Krankenwagen. Andere Kinder zeigen Narben an ihren Knien. Aus Platzmangel wird dieser Teil des Tonbandes hier nicht in allen Äußerungen wiedergegeben.)

E.: »Manchmal kann das schlimm sein, wenn man hinfällt. Manchmal kann man selber nicht mehr aufstehen. Hier aber habe ich unter der Turnmatte als Überraschung ein paar Wollfadenfiguren und Wollfäden.«

K.: »Damit mach' ich eine Straße!« *(Mehrere Kinder legen mit Wollfäden auf die Turnmatte eine Straße, zufällig auch mit ein paar Kurven.)*

K.: »Ich möchte mit der Puppe hier langkommen.«

E.: »Und wir anderen könnten seine Schritte nachmachen, aber paßt auf, wenn er hinfällt.«
(Das Kind führt die aus Wollfäden geknüpfte Figur über den Weg. Gleich hinter der ersten Kurve fällt die Figur. Alle fallen akustisch mit.)

K.: »War nicht so schlimm, steh mal auf.« *(Das Spiel wiederholt sich, ein zweites Hinfallen wirkt auch in der akustischen Begleitung wirklich wie ein Sturz.)*

K.: »Der ist ja noch gekullert.« – »Na von dem Schwung.«

E.: »Und was nun?«

K.: »Der Doktor muß kommen.« – »Nein, ein Blaulichtauto!«

K. *(zeigt auf weitere Wollfadenfiguren in der Hand der Erzieherin):* »Einer muß Hilfe holen, telefonieren.«

E.: »Aber wenn der Weg weit draußen vor der Stadt liegt, da gibt es vielleicht kein Telefon, kein Haus. Selten kommt einer vorbei.«

K.: »Dann muß er warten.«

K.: »Mal kommt schon einer vorbei.«

E.: »Tatsächlich, ich hör' schon leise Schritte.« *(Sie imitiert mit ihren Schuhen an den Händen näher kommende Schritte, einige Kinder machen das mit, die Schritte werden lauter, kommen näher.)*

K.: »Ich will der sein, der hilft.« *(Es führt die kleine geknüpfte Wollfadenfigur an die Unglücksstelle.)* »Du, wo tut's weh?«

K.: »Vielleicht am Knie oder am Kopf.« – »Guck mal, ob er blutet.«

K. *(das die Figur führt):* »Komm, ich heb' dich vorsichtig hoch, ich bring' dich zu deiner Mutti.«
(Nun wollen die Kinder das Spiel wiederholen. Der neue Dialog wird ebenfalls aus Platzgründen hier nicht ausgedruckt, aber er fällt ähnlich aus. Dann will die Erzieherin mit einer Figur auch den Weg entlanggehen.)

K.: »Ich bin deine Füße, wenn du kommst.« *(Schrittimitation.)*

E.: »Oh, da liegt einer. Na, ich tu' so, als ob ich ihn nicht sehe, und geh' einfach weiter.« *(Im Bogen geht sie um die liegende Figur herum und davon.)*

K.: »Das ist gemein!« – »Komm zurück!« – »Du bist gemein!«

E.: »Ich habe keine Zeit, ich hab's eilig.«

K.: »Trotzdem gemein.« – »Du bist gemein.« – »Das darfst du nicht.«

E.: »Ich hab' mein Sonntagszeug an, und der ist dreckig und blutig.«

K. *(stärker, gesteigerter im Protest):* »Gemein bist du.« – »Gemein.«

E.: »Dem helf' ich gerade nicht, den mag ich nicht, ich kenn' den.«
(Wieder protestieren die Kinder, schließlich nimmt ein Kind eine andere Wollfigur, geht damit zum Verletzten und hilft. Nun zieht die Erzieherin

unter der Turnmatte – in Klarsichtfolie fest verpackt, damit man nur ein Bild sieht! – ein biblisches Bilderbuch heraus: Sichtbar ist die Szene des Mannes, der sich zum Hilflosen bückt, im Hintergrund steht ein Esel.)

K.: »Den Esel haben wir nicht nachgemacht.«

K.: »Aber sonst ist es wie bei uns eben.«

E.: »Morgen besehen wir das ganze Bilderbuch.«

K.: »Ich dachte, du hast dir die Geschichte ausgedacht.«

E.: »Nein, diese Geschichte hat Jesus erzählt.«

K.: »Der von Weihnachten?«

E.: »Ja, der Jesus aus der Weihnachtsgeschichte. Als er groß war, hat er das erzählt vom hilflosen Mann am Weg.«

K.: »Erzählst du uns mal mehr von dem Jesus?«
(Ende des Tonbandprotokolls.)

Weitere Schritte dieser Einheit: Bilderbucharbeit, Wiederholung des Figurenspieles, freies Rollenspiel zu ähnlichen Situationen, Übungen im behutsamen Umgang mit einem, der hingefallen oder gar verletzt ist, Ankündigung weiterer Jesus-Geschichten.

Didaktischer Kommentar

Auf sehr geschickte, organische Weise werden die Kinder vom lautstarken, vitalen Sichfreuen an rhythmischen Spielen (Fortbewegungsarten) über den Phantasie-Impuls »Schleichen« zum konzentrierten, leisen Gestalten geleitet.
Die Erzieherin hat (nach Vorarbeit in einer Seminargruppe) den Mut, den Kindern die biblische Geschichte nicht als ein Fertigprodukt einfach vorzusetzen. Sie wählt die offene Situation mit Handlungsalternativen. Das Geschehen gewinnt Offenheit, es ist Raum zur Spontaneität. Das Ganze ist sofort »die Geschichte der Kinder«! Da die Kinder emotional noch unverbildet, d. h. empfindsam sind (fähig zur »Phantasie für andere«), entsteht zunächst eine umgekehrt verlaufende Geschichte, wenn man sie streng am biblischen Original mißt. Auffällig ist die starke körperliche Beteiligung der Kinder, Teilhaben vollzieht sich auf sprachlicher, mimischer und motorischer Ebene.
Dem späteren Prozeß des Weiterentdeckens bei erneuter Begegnung mit dieser Jesus-Geschichte dient ohne Frage auch der »Entschuldigungs- und Beschuldigungsteil«, nachdem die Erzieherin mit ihrer Figur vorbeigegangen ist. Wenn später Bezeichnungen wie »Levit« und »Priester« hinzutreten, die durchaus Gründe haben, sich nicht zu bücken, dann ist hiermit schon gut vorgearbeitet worden.
Für Vier- und Fünfjährige ist es noch unwichtig, ob die Vorbeikommenden kirchliche Berufe hatten bzw. versuchten, ein Gott wohlgefälliges Leben zu

führen. (Es fällt auf, daß die Erzieherin auch die Problematik des ungeliebten Volksstammes, besser: des Mischvolkes der Samariter, ausklammert und vertagt, weil sie zum menschlichen Kern solcher Situationen durchstoßen möchte.)
Bei genauer Betrachtung der von Lukas bezeugten Situation wird eben deutlich, welche Zuhörer Jesus in diesem Augenblick hat: Speziell für diese Erwachsenen und ihre religiöse Lernbiographie läßt Jesus die Vorbeikommenden ausgerechnet »fromme« Leute sein. Diese Erwachsenenpointe ist heilsame Provokation für die Menschen, mit denen sich Jesus damals auseinandersetzte (und für die Erwachsenen und Jugendlichen heute, deren Denk- und Glaubensformen in unbarmherzigen Rastern und Schemata »erfroren« ist). Die Kinder sind in einer anderen Situation, ihr Horizont ist noch kindlich begrenzt. Darum dürfen sie vor allem nicht überfordert werden!
Vier- und Fünfjährige sollen erste Eindrücke von Jesus gewinnen und nach dem Schlußsatz der Bilderbuchgeschichte »Macht es ebenso wie der, der half« mit all ihren Phantasiekräften ermutigt werden, andere zu sehen – besonders die Hilflosen.
Ein Mangel scheint beim vorliegenden Modell im zu langen Spannungsbogen zu liegen: Nach einer engagiert verlaufenen Rhythmikübung von ca. 13 Minuten schließt sich nochmals ein sehr intensives Folgeangebot an. Dieser Zeitfaktor sollte kritisch überdacht sein!
An einigen Stellen könnte dem Drang der Kinder zum Ausspielen, vielleicht auch zum mehrfachen Wiederholen wirklich Raum gegeben werden. Dies ist eine Anfrage an den Erziehungsstil, der nicht unter zielorientiertem Handeln leiden darf. Oft ist gerade der Zeitdruck das verführerische Element! Didaktische Phantasie könnte auch zu kleineren Spieleinheiten führen, die durch Erwartungspunkte und musikalisch-spielerische Elemente, wie z.B. den nachfolgenden, mehrfach einsetzenden Refrain, gegliedert werden. Diese Elemente könnten gleichsam »roter Faden« sein, der im Gedächtnis bleibt, vielleicht bis morgen ...

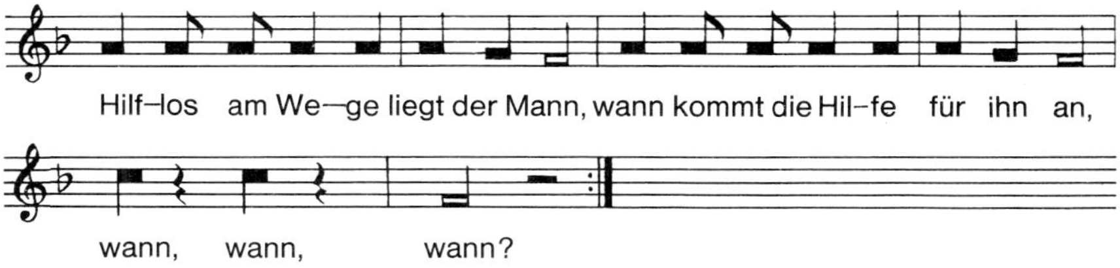

Schlußvariante: Jetzt kam die Hilfe für ihn an ... für ihn an!

Wolfgang Longardt

Modell 8

Vom Atmen

Modellelemente zum Erntedankfest

Vorbemerkung

Statt eines geschlossenen Modells legen die Projektgruppen des »Evangelischen Zentrums Rissen« hier einmal offene Teilelemente vor, die sämtlich aus situationsorientiertem, religions-pädagogischem Arbeitsansatz geboren sind und unter sehr verschiedenen Themen- und Zielvorstellungen in Lernprozesse eingebracht werden können. Man hüte sich vor rezeptartiger, gedankenloser Übernahme. Die gruppeneigenen Bedingungen vor Ort sind in jedem Fall vor Übernahme auch kleiner Teilelemente zu analysieren.

Situation A

Ein Kind erzählt von einem kranken Familienmitglied mit häufigen Luft- und Atembeschwerden (beim Treppensteigen, bei Anstrengungen, bei schlechtem Wetter etc.). Gestern, so berichtet das Kind, habe der Arzt deswegen kommen müssen. Nach einer Spritze sei es dann besser gewesen mit der Tante Lucie. Aber bald solle die Tante eine Erholungsreise machen. »... weil an der Nordsee die Luft besser riecht« (Kinderzitat). Susanne, ein fünfjähriges Mädchen, macht eindringlich vor, wie die Tante Mühe mit dem Atmen gehabt habe.
In einem ersten Spontangespräch erzählen noch zwei Kinder von Großeltern, die schwer Luft bekommen nach dem Treppensteigen. »Alte haben eben Krankheiten«, meint abschließend ein Junge.
In der Teambesprechung des Kindergartens trifft dieser kleine Situationsbericht einer Erzieherin zusammen mit den Planungen für gezielte rhythmisch-musikalische Erziehung in den nächsten Wochen und Monaten (eine Mitar-

beiterin hatte gerade zum zweiten Mal an einem Kursus über Rhythmik teilgenommen und dabei Praxishilfen zur sozialpädagogischen Atemschulung erhalten). Je länger man im Team miteinander redet, desto umfassender erscheint allen schließlich das Phänomen »Atmen«, und es steckt voller Beobachtungs- und Lernchancen. An Zielvorstellungen werden herausgearbeitet: Konzentrationshilfen durch bewußtgemachte Atemspiele, Beobachtungssensibilisierung in Partnerspielen, Erkennen des Nicht-Selbstverständlichen (Gesundheit) (siehe dazu unter »Liedmaterialien« den Kehrvers »Vieles ist nicht selbstverständlich ...«), Bewußtmachen von Unterschieden zwischen der Stadtluft (Auto-Abgase, Fabrikdunst etc.) und der reinen Luft etwa des Waldes.

Phase I (aus Raumgründen stichwortartig notiert)

Anknüpfung an den Erlebnisbericht der Susanne über die Atemnot ihrer Tante Lucie – wie hört es sich an, wenn Menschen schwer Luft bekommen – Abbau des vorschnellen Urteils, nur alte, kranke Leute kämen in »Luftnot«, durch ein Tonbandspiel: nach zweimaligem Umtraben des Kindergartengebäudes versuchen einige Kinder vor dem Mikrophon eines Kassettenrecorders sofort ihr Lieblingslied zu singen – Ergebnis: die kleinen Sänger schnappen im Singen mehrmals nach Luft, man hört, wie sie »außer Atem« sind.
Bei der Auswertung sagt Susanne, die natürlich auch mitgelaufen ist und dann gesungen hat: »Aber uns tut nichts weh, wenn wir so pusten. Tante Lucie hat dann Schmerzen in der Brust.« – In einem kleinen Gruppengespräch wird überlegt, ob das daran liegen könne, daß die Tante eben alt und krank sei, vielleicht immer in einer Fabrik »mit Gestank arbeiten mußte« (Beitrag eines Jungen). Man kann sich aber nicht einigen über die Gründe, auch die Erzieherin legt sich nicht fest.

Phase II

Am anderen Tag werden rhythmisch-musikalische Spiele mit leisem Einatmen durch die Nase und hörbarem Ausatmen durch den Mund eingeführt. Dabei hat ein Kind die Idee zu einem Lokomotiv-Spiel (das Schnell- und Langsamwerden einer Dampflokomotive, die zum Stehen kommt, kannten die Kinder überraschenderweise). Als schließlich alle erschöpft auf dem Boden sitzen, singt die Erzieherin den Refrain des »Atemliedes«:
»Wir atmen ein,
wir atmen aus,
das tut der Mensch, der Hund, die Maus!« (Noten siehe Seite 74.)
Es macht den Kindern sofort Spaß, und sie wollen es am nächsten Tag wieder singen, zumal die Erzieherin ankündigt, das Lied hätte noch allerlei lustige Strophen zum Spielen.

Phase III

Auf einem Spaziergang zu einer verkehrsreichen Kreuzung mit Ampelregelung wird zwei Tage später zu Teilen des obengenannten Liedes tief eingeatmet. Der Weg führt durch einige Grünanlagen zur großen Kreuzung, an der sich der Verkehr staut (»Hier stinkt das, was hinten aus dem Motor herauskommt« (Kinderzitat). Bald geht man zurück, um in den Grünanlagen die bessere Luft zu genießen und an Blüten und Sträuchern zu »schnuppern«.

Phase IV

Die Kinder kennen nun schon einige Strophen des Liedes »Wir atmen ein, wir atmen aus ...«. Sie singen es recht oft; dabei kommt es zu kleinen Gesprächen. Ein Junge berichtet von seiner Schwester, die krank liegt und gestern hohes Fieber hatte: »Sie hat ganz schnell geatmet, und die Bettdecke ging immer so rauf und runter« (Kinderzitat). Er macht es vor.

Bei weiteren Wiederholungen des Liedes achtet die Erzieherin darauf, daß nach der Textstelle vom Ausatmen wirklich eine lange Pause zum entspannten Ausatmen erfolgt. Sie läßt die Kinder sich auch auf den Rücken hinlegen, während zunächst jeder für sich eine Hand auf den Leib legt, um zu spüren, wie sich die Bauchdecke hebt und senkt. Später »fühlt« das einer beim anderen. »Das geht auch auf und ab wie die Bettdecke« – »Naja, da kommt die Luft rein, und es wird dick beim Einatmen« (Kinderzitate).

Phase V

Während des Frühstücks wird von einem Waldbrand erzählt: »Schade, wenn der schöne Wald verbrennt und kaputt ist« (Kinderzitat). Man spricht gemeinsam davon, daß nicht nur die Feuerwehr, sondern jeder von uns aufpassen sollte, daß der Wald erhalten bleibt (»... und sauber ohne Büchsenkram«, fügt ein Kind hinzu).

Phase VI

Da der Kindergarten überzeugend in Konzeption und Leben der Kirchengemeinde integriert ist, hat es sich eingebürgert, daß am Erntedankfest natürlich auch die Kindergartenkinder im Gottesdienst zu Wort kommen. Weil sich der Gegensatz von guter und schlechter Luft bei den Kindern in immer neuen Gesprächen vertieft hat, beschließt man, ein großes Bild auf Packpapierbahnen gemeinsam zu kleben: es zeigt schließlich links dunkle Wolken aus Autos und Schornsteinen und rechts einen Wald mit Blumen und Bäumen. Natürlich sollen im Erntedankgottesdienst zu jedem Bildteil die passenden Strophen des Atemliedes gesungen werden. Zum grünen Bild trägt eine Erzieherin (mit lauter Stimme, denn die große Kirche hat kein Mikrophon!) vor: »Wir freuen uns über jeden Park und jeden Wald; da können wir uns erholen und spielen. Für alles Grüne, das wächst, sagen wir heute Gott-sei-Dank. Und wir wollen

es pflegen lernen.« Zum Bild der Qualmwolken singen die Kinder vor der Festgemeinde die Gebetsstrophe des Liedes:
»Herr, gib uns Menschen mehr Verstand,
daß rein bleibt Wasser, Luft und Land.«

Situation B

Die Kinder haben einen Ausflug in einen benachbarten »Tierkinderzoo« unternommen. An den Tagen danach wird dieses Erlebnis in Gesprächen, Malereien und Knetversuchen immer wieder vertieft. Die Kinder durften im Tierkinderzoo auch kleine Tiere auf den Schoß nehmen. Dabei ergaben sich schon am Ort Gespräche über die Körperwärme und das Atmen der Tiere. Beides war für die Kinder ungewöhnlich deutlich zu spüren, sobald sie ein kleines Tier auf dem Schoß hatten. (»Meins ist ganz warm« – »Meins auch« – »Meins atmet so schnell; mußt keine Angst haben, ich streichle dich doch bloß« [Kinderzitate vom Ausflugstag].)
Der Besuch des Tierkinderzoos stand im didaktischen Planungszusammenhang mit dem Gesamtthema »Anvertraute Schöpfung«. Anhand des biblischen Wandfrieses »Schöpfung« aus dem Ernst Kaufmann-Verlag ist den Kindern der Auftrag Gottes an die Menschen, seine Erde gut zu verwalten, auch Herr über die Tiere zu sein und sie zu pflegen, entfaltet worden.
Das Gesamtziel läßt sich in die Begriffe fassen: Freude wecken am Erfüllen des biblischen Auftrages, verantwortlich und behutsam mit allem Lebendigen umgehen. Mit besonderer Blickrichtung auf das Erntedankfest sollte der Teilaspekt »Freude und Verantwortung an den Tieren« verdeutlicht werden. Viele Tiere sind uns gute Helfer. Das sollte als Geschenk des Schöpfers bewußtgemacht werden.

Phase I

Das Foto wird der Kleingruppe zunächst als Erinnerungsimpuls gezeigt. Erneut beginnen darauf die kleinen Gesprächsbeiträge und Erinnerungen: »Weißt du, wie der kleine Hund neulich ganz warm war?« – »Aber die Schnauze war kalt« – »Meiner wollte nicht auf meinem Schoß bleiben« – »Und der Schwarzweiße hat so schnell geatmet, vor Angst« – »Hm, der Bauch bewegte sich beim Atmen; das hab' ich gemerkt« (Kinderzitate).
Als Kontrastfoto zeigt der Erzieher ein Bild, auf dem ein weinender Junge mit seinem toten Dackel zu sehen ist, der vermutlich gerade überfahren wurde. Die Kinder halten den Dackel zunächst für krank. Dann vermutet einer, daß der Hund vielleicht tot sei: »Der Junge weint. Sein Hund atmet nicht mehr.« Ein Kind weiß schon, daß tote Tiere bald steif und kalt werden, und »die soll

man dann nicht mehr anfassen!«. Darauf entgegnet ein Mädchen: »Aber wenn er gerade jetzt überfahren ist, ist er noch warm und schön.« Das Gespräch kreist noch eine Zeitlang um »Kaltwerden« und »Steifsein«. Dann kommt plötzlich der Einwurf: »Der hat nicht aufgepaßt auf seinen Hund.« Nun berichtet man einander, wie schwer oft Hunde an der Leine festzuhalten sind. »Oder er hat dem Hund schlechtes Futter gegeben«, sagt ein anderes Kind. »Gift für die Mäuse hat mein Papa gelegt«, wirft ein Junge ein. Schließlich wollen die Kinder, daß der Erzieher das traurige Bild weglegt; das »Schöne« wollen sie noch ansehen und besprechen.

Phase II

Der Erzieher singt zur Gitarre den Kehrvers des Liedes »Wir atmen ein, wir atmen aus ...«

2. Doch wenn wir fahr'n ins Land hinein,
in Feld und Wald die Luft ist rein ...
(folgt Refrain)
3. Dort macht das Atmen doppelt Spaß,
wir freuen uns an Duft und Gras ...
(folgt Refrain)
4. Das Auto stinkt, der Schornstein raucht,
knapp wird die Luft, die jeder braucht ...
(folgt Refrain)
5. Herr, gib uns Menschen mehr Verstand,
daß rein bleibt Wasser, Luft und Land ...
(folgt Refrain)

Text und Melodie: Wolfgang Longardt. Vergleiche dazu auch den Praxisvorschlag in: W. Longardt: Spielbuch Religion, Benziger / Ernst Kaufmann, Zürich, Einsiedeln, Köln/Lahr, S. 139f.

Anschließend trägt man nun zusammen, wer alles atmen muß, um zu leben. Schließlich wird deutlich: alle Tiere und Menschen atmen (die Frage nach den Pflanzen bleibt noch offen). Die Kinder machen den Tag über allerlei kleine

Beobachtungsspiele, u. a. auch am Aquarium des Kindergartens, und bestaunen die Kiemenbewegungen der Fische.

Phase III

Eine Kleingruppe, die schon immer Spaß am Reimspielen hatte und oft Ketten von Reimwörtern bildete: Nase, Vase, Hase ... oder Hund, rund, gesund ..., erfindet zum Atemlied Tierstrophen:
»Das Känguruh
atmet wie du, genießt den Duft, holt schön tief Luft«
(Refrain für alle wie immer »Wir atmen ein ...«)
»Die Fische atmen ein und aus,
die Kiemen gehen rein und raus«
(Refrain »Wir atmen ein ...«)
Zu allen Strophen werden auch noch Bewegungsformen erfunden!

Phase IV

Der Aspekt des »Für-die-Tiere-Sorgens« schließt sich zwei Tage später an. Den Kindern ist dabei vieles bekannt, so auch das Füttern der Fische im Aquarium. Sie kennen auch schon die Wichtigkeit der Sauerstoffanlage und der Wasserpflanzen im Aquarium (auch die große Reinigung hatten einige Kinder schon mit angesehen).
Wie von selbst kommen nun die Erfahrungen der Kinder im Sorgen für Haustiere – daß sie genug Futter und Bewegungsraum haben – zur Sprache (aber auch Unbequemlichkeiten und Mißerfolge werden genannt). In Wollfadentechnik werden aus nassen bunten Fäden auf Wolldecken und Flanelltüchern Haustiere gelegt und dazu das, was sie brauchen. Der Erzieher erzählt anschließend von einem Jungen, der mit ihm im gleichen Haus wohnt. Er wollte sein Meerschweinchen nicht mehr haben und füttern. Statt es an jemanden zu verschenken, der es gern pflegen würde, setzte er es eines Tages in ein Schraubglas ohne Streu und Futter und drehte den Deckel fest zu (die Kinder ergänzen in ihren Gesprächsbeiträgen das Ende dieser traurigen Geschichte). Trotzdem vermeidet der Erzieher eine Verengung des Gesprächs auf Aspekte wie »Tierquäler« oder »Mörder«. Man spricht auch davon, was der Junge hätte anders machen können und was wir tun können, wenn es uns eines Tages zuviel wird, immer Geld für neues Futter ausgeben zu müssen (Gang zur Zoohandlung, Anzeige am Anschlagbrett »Haustier in gute Hände abzugeben ...«).

Phase V

Die Wollfadenbilder sind vom Erzieher fotografiert worden, damit sie als Dias im Familiengottesdienst am Erntedankfest gezeigt werden können. Die bei-

den Gebetsrefrains aus Rissener Kindergottesdienstmodellen vom Danken und Bitten sollten nun mit kleinen Spontansätzen ergänzt werden (die Kinder sind gewohnt, am Ende des Monats auf die gleichen Refrainteile ihre Bitten und ihren Dank zu singen und dazwischen zu nennen, was in den letzten Wochen schön war und was Sorgen oder Schwierigkeiten gemacht hat).

Beim Betrachten der Farbdias, wenige Tage vor Erntedank, unter dem Thema »Gott sei Dank für alle Tiere«, werden Spontanäußerungen der Kinder auf Tonband aufgenommen wie »... daß es tausend Sorten Tiere gibt« – »ganz kleine Tiere und ganz große, gelbe, braune und alle Farben« – »... daß wir manche sogar streicheln können und ihr Fell weich ist« – »... daß Futter für die Tiere wächst! Hundekuchen, Heu und Gras«. Für den Refrain »Darum bitten wir dich, Herr« kamen weniger Vorschläge: »... daß wir nicht vergessen zu füttern« – »... daß wir den Stall gut abschließen« (Kinderzitate).

Wolfgang Longardt

Modell 9

Luft zum Atmen – Luft zum Leben

Unterthemen dieses Modellentwurfes

Luft ermöglicht alles Leben
Luft hat vielfältige Eigenschaften
Luft ist veränderbar

Katechetische Zielvorstellung

Wir bekennen, daß die Luft eine gute Gabe Gottes ist.
Wir bestaunen und loben die vielen Eigenschaften der Luft. Wir sind für die Qualität der Luft verantwortlich.

Materialsammlung

Lieder:	»Wir atmen ein« (»Spielbuch der Religion«), »Sonne, Regen, Wind und Wolken« (»Sing mit«), »Der Bergsche Fuhrmann Wolken« (Volkslied),
Texte:	von der Schöpfung und vom Fliegen finden sich an mehreren Stellen in: »Mit den Kindern der Erde« (E. Kaufmann Verlag).
Bilder:	aus der Natur: Windbewegung, Sturm, aus der Technik: Windmühle, Abgase, Feuer, Rauch, aus der Medizin: Atmungsorgane, Sauerstoffzelt. »Alle Jahre wieder saust der Preßlufthammer nieder« (Verlag Sauerländer, Aarau/Schweiz).
Gegenstände:	Luftpumpe, Staubsauger, Schnorchel, Ventilator, Fön, Luftmatratze, Musikinstrumente.
Geruchsquellen:	Kaffee, Parfüm, Käse, Waschmittel, Blumen, Zitronen.
Spielmaterialien:	Luftballon, Strohhalm, Papier, Flaschen, Rohre.

Bastelvorschläge: Sachen machen, die fliegen, Farbe verpusten.
Die beliebig zu erweiternde Materialsammlung ist allein schon anregend, um damit wochenlang Kindern Luft »erfahrbar« zu machen.
Im folgenden wurde ein Weg probiert, auf dem alle drei obengenannten Zielvorstellungen angestrebt werden.

Wir atmen ein – wir atmen aus

1. Wir atmen bewußt

Die Kinder betreten einen »präparierten« Raum. Es stinkt! (Präparat aus einer Sprühdose.)
Das kann man nicht aushalten, dagegen muß man etwas tun. Man muß lüften.
Nun geht es uns wieder besser, wir können wieder atmen.
Wir atmen tief ein und wieder aus. Beim Einatmen heben wir die Arme, beim Ausatmen lassen wir die Arme fallen und entspannen uns.
Wir singen: Wir atmen ein, wir atmen aus. Das tut der Mensch, der Hund, die Maus« (»Spielbuch Religion«).
Kindergruppen, in denen geturnt wird, können mit besonderen Übungen eine richtige Atmung anstreben.
Z. B. körperliche Bewegung mit dem Ein- bzw. Ausatmen koordinieren, durch Pusteübungen das Ausatmen verstärken ...

2. Sachinformation

Die Vorschulkinder sind auch an anschaulicher Information über die Funktion der Atmungsorgane sehr interessiert.
Warum soll man durch die Nase Luft holen?
Wo geht die Luft hin, die wir einatmen?
Welche Luft ist »gesund«?
Mit Luft kann man sprechen, singen, pfeifen, räuspern, husten ...

3. Ein Riechspiel

»Duftende« Essenzen sollen errochen, also erraten werden. Dieses lustige Spiel zeigt, daß es angenehme und widerliche Gerüche gibt. Oft haben wir Mühe, den Ursprung zu erraten.

4. Wenn der Schornstein raucht

Manchmal sagen die Erwachsenen: Es geht uns wieder gut – der Schornstein raucht! Denn der rauchende Schornstein signalisiert einen warmen Ofen und einen guten Arbeitsplatz.
Eine Bildbetrachtung zeigt den Kindern die »Quelle des Wohlstands«: eine Fabrik und rauchende Schornsteine.

Vielleicht haben wir auch eine Fabrik in unserer Nähe? Oder eine Müllverbrennungsanlage? Der Rauch zieht weit, und mit dem Rauch kommen Gerüche, kommt Ruß und Staub.
Wie sehen die Bäume aus, die in der Nähe einer solchen Fabrik stehen? Der rauchende Schornstein signalisiert das Absterben der Natur.
Wir singen: »Die Luft in unsrer großen Stadt mit Dunst und Qualm macht viele matt.«

5. Auf der Suche nach gesunder Luft

Ein Ausflug in die Natur ersetzt die beste Geschichte und das eindrücklichste Bild.
Trotzdem ist es wichtig, die Kinder in die Zusammenhänge von gesunder Luft einzuführen.

Luft macht Spaß

6. Mit Luft Musik machen

Die Leiterin hat eine Flöte mitgebracht und spielt den Kindern ein neues Lied vor: »Sonne, Regen, Wind und Wolken«.
Zunächst sind die Kinder mehr an dem Instrument interessiert als an dem neuen Lied. Sie möchten auch einmal in die Flöte blasen!
Wir haben genügend Flaschen bereitgestellt und wollen sie nun als Flöten benutzen. Wir versuchen, Töne zu erzeugen, indem wir den Mund nahe an den Rand des Flaschenhalses bringen und über den Flaschenrand blasen. Nach einigen Versuchen erreicht das jedes Kind.
Nun versuchen wir, die Flaschen zu stimmen. Durch eingefülltes Wasser wird der Ton verändert. Wir bringen mehrere Flaschen auf den gleichen Ton. Zuletzt sollen die Flaschen in zwei Gruppen so gestimmt sein, daß man ein Feuerwehrsignal spielen kann. Wenn in gleichmäßiger Folge erst der tiefe und dann der hohe Ton geblasen werden, eignet sich diese Tonfolge als Begleitmusik unseres Kanons:
»Sonne, Regen, Wind und Wolken,
Mond und Sterne, Tag und Nacht
sind die Boten in den Händen
dessen, der die Welt gemacht.«

7. Eine Ausstellung

Die Kinder bringen alle Musikinstrumente mit, die durch Luft zum Klingen gebracht werden können. Wir vergleichen ihr Aussehen und ihren Klang miteinander.

Die Königin aller Instrumente, die Orgel, auch ein Blasinstrument, steht in der Kirche. Unsere Organistin freut sich über einen Besuch und zeigt uns alles.

8. Alles, was Flügel hat, fliegt hoch in die Luft

Dieses allgemein bekannte Gruppenspiel richtet unsere Aufmerksamkeit auf das Fliegen.
Auch wir können Sachen herstellen, die fliegen. Papierschwalben, Flugzeuge, Fallschirme, »Düsenflieger« (mit Luftballons, die nach dem Aufblasen nicht zugebunden werden).
Wir sehen heute, wie groß die Gaben sind, mit denen Gott die Menschen ausgestattet hat. Es ist Gott recht, wenn der Mensch immer mehr Einblick erhält in die Gesetze, nach denen sich die Natur verhält. Gott erwartet von den Menschen, daß sie seine guten Gaben nicht verderben, damit wir immer grüne Bäume haben, gesunde Luft zum Atmen, zum Musikmachen und zum Fliegen ...

Renate Heidner

Anmerkung

Absichtlich drucken wir dieses Modell unvollständig ab. Bitte überlegen Sie, welche Schritte zu weiteren biblischen Entdeckungen und Experimenten hier folgen könnten!

Modell 10

Vom Säen und Ernten

Ein rhythmisches Spielprogramm zum Erntedankfest

Zielvorstellungen

In Überwindung älterer und neuerer Konzeptionen religiöser Erziehung, die einseitig literarisch-lehrhaft bei einer Überbetonung des Kognitiven vorgehen, soll hier ganzheitlich gearbeitet werden.
Weil in der religiösen Erziehung vor dem Reden über die Dinge erst Fähigkeiten des Entspanntseins, des Offenseins, des Staunens, einer Sensibilisierung aller körperlich-seelischen Wahrnehmungsmöglichkeiten nötig sind, werden im folgenden Spiel- und Lernprogramm rhythmisch-musikalische Elemente eingesetzt, die dem Kind helfen sollen, über das Entdecken seiner ganzheitlichen (also auch der körperlichen!) Möglichkeiten zum Nachgestalten und Nacherleben von erstaunlichen Vorgängen in der Schöpfung zu gelangen.
Dabei wird auch auf die Förderung der Konzentrationsfähigkeit, des Raum- und Partnerempfindens sowie der Phantasiegestaltung abgezielt.

1. Teileinheit: »Säen – Wachsen«

Die Motive und Begriffspaare *»zusammengezogen«* und *»gestreckt«* stehen im Mittelpunkt.
Untergliederung:
I. Raumaufteilung durch jeden einzelnen der Gruppe
II. Entfalten der Begriffe »zusammengezogen« – »gestreckt«
III. Darstellendes Spiel zum Thema »Säen und Wachsen«.

Erklärungen zu I

Die Kinder sollen mit dem Raum, in dem sie sich bewegen, vertraut werden. Seine Eigenart und seine Dimensionen sollten nicht bewegungshemmend, sondern bewegungsanregend sein.
Im Raum findet jedes Kind seinen Platz, der für die ganze Stunde feststehen

kann – oder der sich verändert; der aber Ausgangspunkt für alle Bewegungsspiele sein sollte.
Zur Entwicklung des Orientierungsvermögens sollte ein bestimmter Platz auch wiedergefunden werden können.

Erklärungen zu II

Durch eigenes Erspielen der Begriffe »zusammengezogen« und »gestreckt« ist es möglich, diese zu verlebendigen und das Vorstellungsvermögen zu schulen.

Erklärungen zu III

Im freien Spiel wird die Phantasie angeregt und in gemeinsamem Tun soziales Verhalten geübt.
Durch die Zusammenfassung aller Elemente am Schluß einer Stunde übt sich Gedächtnis und Konzentration.

Arbeitsmittel

Ein leerer Raum (notfalls vorhandenes Mobiliar zur Seite räumen oder mit einbeziehen, z.B. Stühle, Tische).
Instrument des Erziehers: Blockflöte oder Handtrommel, Xylophon oder Triangel.

Möglicher Ablauf

I/1

Jedes Kind sitzt auf seinem Platz, oder alle Kinder laufen frei im Raum herum.
Das Instrument des Erziehers (er kann auch singen oder rhythmisch sprechen) fordert zum »Anfangskreis« auf.
Beispiel:

Anmerkung: Jedes Kind hat schon zu Beginn der Stunde seinen Platz irgendwo im Raum. Der Kreis wäre nun ein geformter Beginn der Spieleinheit.

I/2

Der rhythmisch gesprochene Name je eines Kindes fordert dieses nun auf, aus dem Kreis heraus sich im Raum einen »guten« Platz zu suchen. Die Bewegungsart zum Platz hin findet das Kind selbst.
Anmerkung: Die Kinder werden hierbei einzeln angesprochen, was wichtig ist für die Persönlichkeitsentwicklung. Ebenso ist es von Bedeutung, daß sie in freier Entscheidung den Platz wählen und auch die Bewegungsart dorthin.

I/3

Hier folgt die Aufforderung, sich z. B. zu einer »Gehmusik« im Raum zu bewe-

gen, ohne anzustoßen, und bei Musikschluß den zuerst gewählten Platz wiederzufinden.
Anmerkung: Hierbei geht es um Gehörschulung, Gedächtnisübung und auch um soziales Verhalten untereinander.

I/4 Die obige Aufgabe kann man zwei- bis dreimal wiederholen. Dabei können immer andere Bewegungsarten von den Kindern vorgeschlagen werden.
Anmerkung: Durch die Wiederholung der Aufgabe übt sich das Gefühl für Raumaufteilung. Bewegungssinn und Phantasie der Kinder werden angeregt.

I/5 Nach einer weiteren Wiederholung der obigen Aufgabe werden die Kinder aufgefordert, ihren Stuhl = Ausgangsplatz wiederzufinden.

II In einem Frage-und-Antwort-Spiel (die Antworten erfolgen in Worten oder werden dargestellt) erläutern und entfalten wir die *Begriffe* »zusammenziehen« und »strecken«.
Als Beispiele dienen: Schnecke; Igel; wenn ich friere; wenn ich schlafe oder geschlafen habe, sowie »Wenn ich ein Samenkorn bin«, in dem die ganze Kraft der alten Pflanze zusammengezogen ist, damit daraus eine neue wachsen kann.

III/1 In einem darstellenden Spiel übernehmen die Kinder die Rolle der Samenkörner:
»Alle Kinder sind ein kleines Samenkorn, das daliegt und schläft. Es träumt, es wird zu einem großen Acker gebracht und dort in die Erde gesät.«
Die Kinder werden wieder einzeln oder zu zweit bei ihrem Namen gerufen und können sich auf einen neu gefundenen Platz im Raum niederlassen (möglichst zusammengezogen, gekauert).
Anmerkung: Hier geht es um eine Aufgabe, die Phantasie anregt (ich bin ein Samenkorn).

III/2 »Ein Wind kommt, der weht die Samenkörner alle durcheinander. Wenn er aufhört zu blasen, liegen sie an einem anderen Platz.«
Anmerkung: Dies ist eine Gehörs- und Reaktionsübung.

III/3 »Es regnet. Aus dem Samenkorn wächst langsam ein kleines Pflänzchen aus der Erde. Wenn es aufhört zu regnen, ruht es sich vom Wachsen aus.«
Anmerkung: Zu einer begleitenden Musik auf der Trommel = Regenmusik wird eine Bewegung ausgeführt (Musikbeginn = Bewegungsbeginn; Musikschluß – Bewegungsschluß).

III/4

»Die Sonne schickt ihre Strahlen, das Pflänzchen streckt sich und wird ein langer Halm, der sich mit den Wurzeln fest an der Erde hält und den der Wind nicht umpusten kann.«
Anmerkung: Zu einer wachsenden, steigenden, anschwellenden Musik gehört eine entsprechende Bewegung. Verschiedene musikalische Ausdrucksmöglichkeiten führen zu verschiedenen Bewegungsäußerungen. Zum Festhalten »an der Erde« gehört eine gewisse Körperspannung, besonders in den Füßen und Beinen.

III/5

Die Kinder steigen aus der Rolle aus. Der Samenkorntraum ist vorbei. Alle Kinder hüpfen, ohne anzustoßen, mit oder ohne Musik frei im Raum herum, bis das Anfangsmotiv »Alle seid ihr eingeladen ...« (Kreis bilden) den Schluß der Spieleinheit anzeigt.
Anmerkung: Nach der konzentrationsreichen obigen Aufgabe ist es wichtig, daß sich die Kinder nun in anderer ganzheitlichen Bewegungsart lockern und noch einmal frei bewegen.

2. Teileinheit: »Blüten–Früchte«[1]

Jetzt stehen die Motive und Begriffspaare »leicht« und »schwer« (Blüte – Frucht) im Mittelpunkt.

Untergliederung:
I. Raumaufteilung durch kleine Gruppen.
II. Die Motive »leicht – schwer« werden dargestellt.
III. Phantasiespiel mit Blüten und Früchten.
Das Thema der ersten Stunde »Korn« könnte weitergeführt werden bis zum Kornschneiden, Garbenbinden und zum Erntedankfest.
Hier soll aber alternativ versucht werden, ergänzend und erweiternd andere Blüten und Früchte zu benennen und ins Spiel zu bringen.

Arbeitsmittel

Zu den in der 1. Spieleinheit vorhandenen Instrumenten und Geräten nimmt man jetzt noch andere hinzu, z.B. Rassel, Schellenband, Klanghölzer usw.

Möglicher Ablauf
I/1

Drei oder vier mit Namen gerufene Kinder laufen frei im Raum herum. Wenn eines der Klanginstrumente spielt (z.B. Hölzchen), suchen diese Kinder sich gemeinsam einen Platz, auf dem sie sitzen bleiben.
Diese Aufgabe wird so oft wiederholt, bis alle Kinder in kleinen Gruppen im

1. Hinweis der Schriftleitung: die 2. und 3. Spieleinheit können wir aus Platzgründen nur gekürzt, skizzenhaft wiedergeben.

Raum verteilt sitzen; wobei jede dieser Gruppen mit einem anderen Instrument zum Platzsuchen aufgefordert wird.
Anmerkung: Das Bilden der Gruppen wird zunächst vom Erzieher etwas geführt. Bei einer späteren Wiederholung läßt man die Kinder selbst die Zusammensetzung der Gruppen finden.
Zu den verschiedenen Instrumenten wählt man ihrem Klang entsprechende Bewegungsäußerungen, z. B.

Hölzchen für laufen =
Trommel für stampfen =
Triangel für schleichen =
Schellenband für hüpfen =
Rasseln für trippeln =

Die Musik wird in der Bewegung realisiert.

I/2 Eines der Instrumente spielt sein Grundtempo; die dazugehörige Gruppe bewegt sich entsprechend. Wenn das Instrument aufhört zu spielen, laufen alle zu ihrem Platz.

II/1 Wie in der ersten Spieleinheit werden nun die Begriffe »leicht« und »schwer« mit verschiedenen Beispielen benannt, gezeigt, dargestellt, z. B.:
leicht wie eine Feder,
leicht wie ein Vogel,
schwer wie ein Stein,
ich mache mich schwer,
ich lasse mich fallen, usw.
Die Kinder werden angeregt, selbst neue Beispiele zu finden.

II/2 Der Erzieher leitet nun zu den Begriffen »Blüte« und »Frucht« über: »Die Blüte ist für die Pflanze oder den Baum leicht; die Frucht ist dann aber schwer (die Äste eines Baumes neigen sich, wenn die Äpfel reif sind).

II/3 Immer drei Kinder bilden eine Gruppe, die sich einen Platz sucht und eine Blütenart darstellt, z. B. Mohnblüten, Bohnenblüten, Apfelblüten, Schlehenblüten, Distelblüten, usw.

III/1 Wir erfinden eine kleine Geschichte, gereimt oder ungereimt, die zu einem fröhlichen Bewegungsspiel führt.
Anmerkung: Beim Übertragen der Geschichte ins Spielgeschehen geht es um

Reaktionsvermögen, schnelles spielerisches Übertragen und Umsetzen des Gehörten; dabei möglichst gute Raumaufteilung beachten, Konzentration und doch Lust am Finden der Bewegungen!
Beispiel: So könnte eine Spielgeschichte von Blüten und Früchten beginnen:
»Auf dem dünnen Stengelchen
noch verschlossen, noch versteckt,
wartet rot und fast zerknittert
Klatschmohn, bis er aufgeweckt.
Nebenan im grünen Busche
Bohnenblüten schlafen noch.
Apfelblütenknospen ...«
Ob man selbst die Geschichte fortführen und reimen kann? Sicher muß bald die Sonne kommen; dann schließlich fallen die Blätter, die Früchte hängen schwer und ...

III/2

Endlich liegen die großen dicken Früchte zusammengesammelt am Boden. Da kommt das musikalische Zeichen zum Schlußkreis und zeigt wieder das Ende der Spieleinheit an.

3. Teileinheit:
Thema:
Erntedankfest

(Spiel, frei und gebunden mit unterschiedlicher Musik)
Untergliederung:
I. Anfangskreis wie gewohnt
II. Finden tänzerischer Formen zur Musik (Reigen zum Fest).
Anmerkung: Im Wechsel können zu verschiedenen »Musiken« Bewegungsformen von den Kindern und vom Erzieher dargestellt werden.
Kinder bewegen sich sehr gerne zu einer Schallplattenmusik.
Der Fidula-Verlag hat ein Buch mit Kindertänzen und eine dazugehörige Platte herausgegeben:
»Das Tanzkarussell« von A. Gaß-Tutt und die Platte FF 1196.

Möglicher Ablauf

1. Alle Kinder bilden einen Kreis. Sie klatschen zu dem folgenden rhythmisch gesprochenen Vers:
   »Heute woll'n wir fröhlich sein,
   denn die Ernte kam herein;
   drum zum Erntefest, zum Erntefest
   singen wir, drum tanzen wir
   ein Gott-sei-Dank, ihr Leut'.«
2. Vers im Stehen klatschen; bei »fröhlich« eine Drehung machen; bei »kam

herein« einen Schlußsprung; bei »ihr Leut'« wieder klatschen oder aufstampfen.

3. Vers jetzt von allen deutlich sprechen lassen; dazu angefaßt im Kreis laufen oder hüpfen.
4. Nach einer Vorbereitung wird einer der Tänze der Platte gespielt und ein Kind zum Tanzmeister bestimmt. Es zeigt, was man tanzt; alle machen es mit.
   Bei einem zweiten, dritten oder vierten Durchspiel des Tanzes wird ein neuer Tanzmeister gewählt.
   Die einfachen Formen der Tänze auf der Schallplatte können die Kinder zu immer neuen Formen anregen.
5. Ob man den reichgeschmückten Erntedanktisch schließlich von den Kindern umtanzen läßt?

Gudrun Kauffmann

Modell 11

Vom Leben und Sterben einer Sonnenblume

Theologisch-pädagogische Zielvorstellungen

Die Kinder sollen am Beispiel des Lebens und Sterbens einer Sonnenblume für den Kreislauf des Jahres und das darin deutliche Werden und Vergehen sensibilisiert werden. Diese spielerisch-meditative Erfahrung – entfaltet auf dem Hintergrund des großen Versprechens Gottes »Es soll nicht aufhören solange diese Erde steht ...« – soll dabei durchaus in ihrer Ambivalenz aufgenommen werden: einerseits können Gefühle der Freude und des Staunens verbalisiert werden, andererseits hat die Entfaltung des Aspektes der Vergänglichkeit und Vorläufigkeit auch eine traurige Seite. Erfahrungen von Ende, Vergehen und Abschied dürfen nicht überspielt werden, so verläßlich die Versprechen Gottes sind, die jetzt im Kreislauf des Jahres schon ablesbar sind und in der Perspektive der Neu-Schöpfung etwa in anschließenden kleinen thematischen Spiel-und Lerneinheiten verdeutlicht werden können. (Man beachte dazu die Kinderäußerungen in den Anmerkungen dieser Werkstattskizze.)

Handlungsformen

Beobachten, Betasten, Vergleichen, Einzel- und Gruppengespräche, bildnerisches Gestalten (Gemeinschaftsarbeit), Singen, Musizieren, (Geräusch-Improvisationen), rhythmisch-musikalisches Gestalten.

Medien und Materialien

Bilder von Sonnenblumen oder echte Sonnenblumenpflanzen, die im Garten beobachtet werden können. – Nasse Wollfäden in vielen Farben – Teppichboden oder einfarbige Wolldecken, notfalls Sackleinen. Ein musikalischer »Baustein« mit Ostinato »Solange diese Erde steht ...« und Orff'sche Instrumente.

Praxisvorschlag A

1. Phase

Bei einem Spaziergang oder direkt auf dem Gelände des Kindergartens werden Sonnenblumen beobachtet (je nach Jahreszeit sind sie schon aufgeblüht oder auch nur knospig). Wir vergleichen die unterschiedliche Größe und stellen uns daneben: eine geht uns bis an die Schulter, eine über den Kopf etc. Wir beobachten die Bewegungen im Wind (notfalls stoßen wir eine Sonnenblume an oder biegen sie etwas behutsam zur Seite, um sie dann plötzlich loszulassen). Wir besehen die Blüte oder Knospe genauer und vergleichen sie mit jahreszeitlich verfügbaren anderen Blüten. Wir beobachten die »Sonnenblickrichtung« der Blüten. Nach allerlei Tastübungen der Kinder am Stengel und an den Blättern endet die erste Entdeckungsphase – notfalls auch ohne kleines Auswertungsgespräch.

2. Phase

Eine körperhafte, rhythmisch-musikalische Gestaltung einer Sonnenblume greift die Beobachtungen des Vortages oder des Vormittages auf. Zwei Kontrastsituationen »Sonnenblumen in Wind und Regen« und »Sonnenblumen im Sonnenschein« bieten genügend Handlungselemente, in denen einige Erfahrungen und Beobachtungen von draußen aufgenommen und vertieft werden können.

Die Kinder nehmen unterschiedliche Körperhaltungen ein. Jeder denkt sich seine Sonnenblume anders; meistens werden Arme zur Seite gespreizt. Die Kinder vergleichen ihre Handhaltungen, denn die Hände sind Blätter. Den Kopf nennen sie Blüte (oder Knospe). Sie schlagen vor, den Wind mit dem Mund nachzumachen. Auf Xylophonen und Tischplatten werden Regentropfengeräusche erprobt. Schließlich sind ein Teil der Kinder Sonnenblumen, die anderen Wind- und Regenmacher. Nun bewegen sich die Blumen im Wind, der bald stärker, bald schwächer bläst. Die Kinder reden darüber, daß die Blätter im Wind und im Regen »zittern«. – Dann wird vorgeschlagen, Sonnenschein zu spielen. Als Sonnenmusik wählen die Kinder einen Zimbelschlag aus; die Triangel gefiel den meisten dafür nicht. Ein Kind möchte Sonne sein und steigt, die Zimbel schlagend und dann hochhaltend, auf den Stuhl. Noch wenden nicht alle »Sonnenblumen« ihr Gesicht der Spielsonne zu. Aber nach einer kleinen Gesprächspause versuchen es einige sogar ganz echt, indem sie mit den Beinen fest am Boden sich mit dem Oberkörper und dem Kopf der Sonne nach dem Regen zuwenden. Zum Schluß wünscht sich ein Kind einen großen Sturm und einige werfen sich auf den Boden: die Blumen sind im Sturm umgebrochen.

Phase 3

Am anderen Tag wollen die Kinder das Spiel wiederholen, doch vorher wird im Gespräch nochmals das Wesentliche festgehalten. Die Kinder schlagen vor, daß heute alle Blumen im Sturm umfallen sollen.

Nach dem Spiel und einigen »Rollenwechseln« zwischen den Kindern gibt es

noch ein kleines Gespräch über die umgebrochenen Blumen: die Kinder haben zum Teil Beobachtungen gemacht, daß Blumen mit großem Stengel angebunden werden. Aber auch dann bleiben sie nicht für immer am Leben. Wenn der Sommer vorbei ist und es kalt wird, »sterben« sie doch.
Nun wird nochmals eine Blüte besichtigt, denn darin steckt das »Geheimnis«, daß es wieder neue junge Sonnenblumen geben wird: die Samen (nicht alle werden von den Vögeln herausgepickt).

Phase 4

Nachdem am Ende der letzten Phase schon die Stichworte Sommer und Herbst gefallen sind, wird nun in einem kleinen Gespräch zusammengetragen, was man schon von den Jahreszeiten weiß. Weil alles in einem großen Kreislauf immer wieder verläßlich von vorn beginnt, wird mit nassen Wollfäden auf dem Teppichboden ein großer »Kreis des Jahres« gelegt. Aus gelben, grünen und braunen Fäden entstehen zunächst kleine Sonnenblumen ohne Blüte, daneben immer größere mit voller Blüte und dann einige umfallende Sonnenblumen. Die Kinder wollen natürlich auch das Wetter dazulegen. Nach einiger Hilfe durch den Erzieher (der nasse Faden will gut am Teppich angedrückt sein, dann hält er in jeder Form) und nach manchen »Kooperationsverhandlungen« (z. B. wo soll nun der Sommer zuende sein – wer legt die kleinen Pflanzen im Frühjahr und wer die großen etc.) ist das Sonnenblumen-Jahr fertig. Ein Stück Schnee wird auch noch in den Kreis hineingelegt (weiße Fäden für den Winter).
Ehe das große Wollfadenbild fotografiert wird (von der Trittleiter mit einem Weitwinkelobjektiv) führt der Erzieher nun die Kreismelodie »Solange diese Erde steht, der Jahreslauf im Kreis sich dreht ...« ein (siehe Notenbeispiel Seite 117).
Die Kinder hören, daß in der Bibel von einer großen Flut erzählt ist. Am Ende der Flut gibt Gott* den Menschen ein großes Versprechen, der schöne Kreislauf von Frühling, Sommer, Herbst und Winter, von Tag und Nacht, von Saat und Ernte soll nicht aufhören, solange diese Erde steht! Wir freuen uns noch heute daran und staunen darüber.
Auf einem Xylophonton C wird langsam die Wortkette »Saat und Ernte – Frost und Hitze – Sommer – Winter – Tag und Nacht« eingeführt. Nun gehen alle Kinder zu dieser Musik um das Kreisbild des Jahres herum, während vom Erzieher die Oberstimme »Solange diese Erde steht ...« dazu gesungen wird. Weil den Kindern das Bild so gut gefällt, soll es noch einen Tag liegen bleiben. Am anderen Tag sitzt man nochmals drum herum, singt das kleine Lied vom großen Versprechen und das Gespräch dreht sich darum, wie schön es ist, wenn uns etwas ganz fest versprochen ist ...
Anmerkung: Ist in den vorherigen religionspädagogischen Spiel- und Lerneinheiten den Vorschulkindern an wenigen elementaren (in schlichter Vor-

form erzählten) Jesus-Geschichten noch nicht verdeutlicht worden, daß er von Gott erzählt hat, dann empfiehlt es sich hier, den Kreislauf des Jahres ohne Hinweis auf dieses biblische Versprechen zunächst einfach bestaunen zu lassen.

Alternativ-Vorschlag B

Vorbemerkung: Bei gleicher Zielvorstellung wird hier skizziert, wie ausgehend von sterbenden Sonnenblumen gleichsam aus der Rückblende gearbeit wird.

Phase 1

Der Herbstspaziergang führt an überreifen, zum Teil schon vom Sturm geknickten Sonnenblumen vorbei. Auf einem Komposthaufen, dem Zielpunkt des Spazierganges, entdecken die Kinder einige bereits darauf geworfene Sonnenblumen.
Einige Kinder berichten, was sie über den Nutzen eines Komposthaufens und den Wert von Komposterde für den Garten wissen. Teile von Sonnenblumen lesen wir vom Komposthaufen auf und tragen sie in Papier- und Plastiktaschen in den Kindergarten.

Phase 2

Auf einem großen Packpapierbogen wird der »traurige Rest« einiger Sonnenblumen ausgebreitet. Die Kinder äußern sich emotional. Sie bedauern, daß der Sommer zuende ist, daß die Blume alt geworden ist, daß sie jetzt verfault. Sie finden es schade. Wir versuchen einige verwelkte Blüten an ihren Stengeln noch hochzuhalten. Die Kinder beobachten, wie die schwere Blüte herunterhängt. Sie imitieren hängende Blattreste und die hängende Blüte mit ihrer Körperhaltung (alle lassen traurig die Köpfe hängen).
Hier einige Kinderäußerungen vor »alten Blumen« (festgehalten im Tonbandprotokoll):
»Die sieht nicht mehr schön aus!« – »Die stinkt schon ein bischen!« – »Schade, der Stengel ist nicht mehr stark!« – »Alte Blumen mag ich nicht gerne, das ist traurig – wenn mein Geburtstag vorbei ist; Mutti schmeißt die Blumen dann schnell weg!«
Auf den Impuls hin, wie die Sonnenblume wohl vor einiger Zeit noch schöner ausgesehen haben mag, mündet das Gespräch direkt in eine nächste, gestalterische Phase.

Phase 3

Auf großflächigen Bögen wird mit Fingerfarben gemalt. Es entstehen Sonnenblumen in verschiedener Größe. Anschließend werden die einzelnen Darstellungen bahnweise ausgeschnitten und von den Kindern nach der Größe sortiert. Manche halten das Ganze nun für eine Sonnenblumenfamilie, andere für das Wachsen. Doch es wird auch geäußert, daß die ganz kleinen Pflanzen noch keine Blüte haben. Am folgenden Tag soll ein weiteres Sonnenblumenspiel folgen.

Phase 4

Der Erzieher zeigt einige Sonnenblumenkerne; die Kinder kennen andere Samenkörner. In einem kleinen Gespräch tragen sie ihre Erfahrungen mit dem Säen und Beobachten junger Pflanzen zusammen. Auf dem Fußboden wird nun ein körperhaftes Spiel vom Leben der Sonnenblume initiiert. Die Kinder versuchen sich so klein wie möglich zu machen: als Sonnenblumenkerne. Bei Regen, Sonne und Wind kommt ein kleiner Keim aus der Erde heraus. Die Kinder erfinden sehr unterschiedliche Möglichkeiten für dieses erste Wachsen (Strecken der Hände und Arme über den Kopf, Heben des Kopfes oder Oberkörpers etc.). Zum Immer-Größer-Werden stehen sie dann auf; der Erzieher spielt auf einem Melodieinstrument (Flöte oder Xylophon) für die allerletzte Wachstumsphase folgendes Motiv:

In einer Spielpause wird jetzt gemeinsam beraten, wie die Knospe hervortreten und wie die Blüte sich entfalten können, die sich dann zur Sonne drehen wird. Die Kinder finden Lösungen, indem sie mit den Armen schließlich um den Kopf herum einen Kreis formen (zwei Arme ergeben eine schöne, sich entfaltende Blüte). Eine Zimbel wird geschlagen und als Sonne durch den Raum getragen. Schließlich werden die Blüten immer größer und schwerer; bald kann der Stengel sie kaum noch tragen.
Nun erinnern sich die Kinder an die Beobachtungen in Phase 2. Nochmals wird der Herbst gespielt. Bei Wind- und Sturmgeräuschen sollen die Sonnenblumen schließlich umfallen. Weil aber die Vögel vergessen worden sind, die einige der Kerne herauspicken und verspeisen, während andere zu Boden fallen als neuer Samen, wollen die Kinder am Nachmittag ihre Fingermalereien ergänzen.

Phase 5

Es entstehen nun auch einige ganz kleine Sonnenblumenpflanzen sowie eine alternde, überreife, aus der die Vögel Kerne herauspicken.
Nachdem alle Malereien in etwa fertig sind, hat die Gruppe soviele Bilder zu bewundern, daß man richtig am Leben und Sterben einer Sonnenblume entlangspazieren kann. Aber ist es dann zuende, wenn sie auf den Komposthaufen kommt? Nach einer kleinen Gesprächsphase werden die Bilder alle so im Kreis gelegt, daß man merkt: es geht immer wieder von Neuem los mit dem Wachsen, Blühen und Vergehen; so wie das Jahr sich auch im Kreis dreht.

Phase 6

Nun schließt sich wie im Praxisvorschlag A das Singen und Musizieren vor dem Kreisbild an: »Solange diese Erde steht ...« Gott hat das verläßlich zugesagt, ganz fest versprochen. In jedem Jahr dürfen wir wieder säen und ernten, dürfen wir aber auch sehen, wie etwas alt wird und anderes ganz jung neu wächst ...

Anmerkung 1: In den vom Hamburger Evangelischen Zentrum Rissen praxisbetreuten Kindergärten sind oft auch beide Entwürfe verbunden und natürlich der Situation entsprechend vielfältig variiert worden.

Anmerkung 2: In jedem Fall sind die Kinder durch dieses methodisch vielschichtige Umspielen der Thematik sensibilisiert worden, auch andere ähnliche Vorgänge mit Einfühlungsphantasie zu beobachten. Ergänzende Themen waren darum: alte Menschen – alte Bäume – schließlich sogar Tod und was Jesus versprochen hat.

Anmerkung 3: Weil in einigen Kindergärten die Gespräche über alte Sonnenblumen von den Kindern selbst ausgeweitet wurden auf alte Bäume, alte Menschen und die Thematik Tod, seien hier noch (festgehalten im Tonbandprotokoll) einige Kinderäußerungen wiedergegeben:
»Mein Opa kann auch nicht mehr gerade stehen!« – »Meine Oma läuft manchmal schon krumm, dann hat sie Schmerzen!« – »Mein Opa ist schon gestorben und auf dem Friedhof eingegraben, aber wir haben Blumen darauf gestellt!« (übermittelt vom Tonbandprotokoll).
Wie von selbst ergab sich hier Ostern als die gegebene Anschluß-Thematik.

Wolfgang Longardt

Modell 12

Freundschaft – Feindschaft

Zielvorstellung

Sicher-machen im Umgang mit Aggressionen und Abbau eines stereotypen Freund-Feind-Bildes.

Einführung und Begründung

Anläßlich einer Tagung der Theologen an Fachschulen für Sozialpädagogik in Westfalen, die in Hamm stattfand, wurde das Thema »Kinder spielen mit Kriegsspielzeug« vorgestellt. Dabei kam man zu dem Schluß, dieses Thema unter anderer Zielsetzung und Methode noch einmal aufzunehmen und durchzuführen. Uns wurde folgendes Ziel angegeben: Sicher machen im Feld von Aggressionen sowie Freund-Feind-Verhalten.

Materialien

1. Dietrich Steinwede und Sabine Ruprecht: Vorlesebuch Religion. Lahr: Verlag Ernst Kaufmann.
2. Taschenbuch »Sesamstraße«, Band 1.
3. Wandfries aus der 3. Katechetischen Spielmappe. Lahr und Freiburg i. Br.: Verlag Ernst Kaufmann und Christophorus.
4. Bilderbücher:
   a) Maurice Sendak: Hans und Heinz. Zürich: Diogenes-Verlag,
   b) Peter Wenzel: Der gute Vogel Nepomuk. Zürich: Diogenes-Verlag,
   c) »Der barmherzige Samariter« aus der Reihe: Was uns die Bibel erzählt. Stuttgart: Württembergische Bibelanstalt,
   d) Helga Galler: Der kleine Nerino. Reutlingen: Ensslin-Verlag.
5. Dias »Der barmherzige Samariter«. Stuttgart: Württembergische Bibelanstalt.
6. Tonband.
7. Gesammelte Bilder.

Pädagogische Situation

Ich habe meine Übungen mit fünfzehn 5- bis 6jährigen Kindern durchgeführt. Es waren immer dieselben Kinder daran beteiligt, so daß ich aufbauende Arbeit betreiben konnte. Dieser Kindergarten ist ein Modellkindergarten und liegt etwas ländlich. Die Kinder kommen aus der mittleren und oberen Bevölkerungsschicht. Zwei Arbeiterkinder sind unter diesen fünfzehn Kindern.
Ich selbst bin Kindergärtnerin im Anerkennungsjahr und führe mit einer Kollegin eine Gruppe von 25 Kindern. Zu den Beschäftigungen wird die Gruppe geteilt, um differenziert arbeiten zu können.

Zeitliche Aufteilung des Themas:

1. 2 Tage im Dezember.
   Sie galten als Einstieg in das Thema und um festzustellen, was bei den Kindern vorhanden war und was ich voraussetzen konnte.
2. 14 Tage lang das Thema: Freundschaft – Feindschaft.
3. Karneval (Rosenmontag): Darstellung eines Kampfes in Cowboy- und Indianerkleidung.

Freispielbeobachtungen
Freispielangebote

1. Vier Bücher:
   a) »Der gute Vogel Nepomuk«,
   b) »Hans und Heinz«,
   c) »Der kleine Nerino«,
   d) »Der barmherzige Samariter«.
   Diese Bücher standen im Regal und konnten angesehen werden.
2. Aus Bausteinen durften Gewehre, Panzer, Flugzeuge usw. hergestellt werden. Dies wurde nicht ausdrücklich angeboten, aber auch nicht verboten.

Zu 1: Beobachtungen, die ich bei den Bilderbüchern gemacht habe.
Anfangs wurden die neuen Bilderbücher nicht beachtet (oder auch nicht gesehen). Am dritten Tag nahm Gaby (5 Jahre) sich das Buch »Der kleine Nerino«, blätterte es schnell durch und legte es dann wieder ins Regal. Es ist zu keinem Gespräch gekommen, obwohl ihre Freundin daneben saß und es sich mit ihr anschaute. Auch die anderen Kinder haben sich die neuen Bücher nur flüchtig angeschaut.
Anders war es bei dem Buch »Der gute Vogel Nepomuk«. Es war sehr beliebt bei den Kindern, und sie schauten es sich oft an. Daß dieses Buch viele Leser anzog, ist nicht ganz unverständlich, denn die Darstellungen sind sehr einfach. Die Farbenauswahl spricht Kinder gut an, außerdem ist der Handlungsablauf sehr gut zu ersehen. Da ich dieses Buch im Dezember mit ihnen erarbeitet hatte, war es ihnen nicht mehr unbekannt.
Es zeigt auch, daß Kinder sich am liebsten die Bücher ansehen, deren Inhalt ihnen schon bekannt ist. Vielleicht liegt es auch daran, daß einige Bücher den

Handlungsablauf nicht so klar darstellen, ihn dafür aber gut beschreiben. Nachdem ich am Mittwoch das Bilderbuch »Der barmherzige Samariter« mit den Kindern erarbeitet hatte, kam ich aus dem Staunen nicht mehr heraus. Jeden Morgen war es das gefragteste Buch. Es wurde einzeln und zu mehreren Kindern angesehen. Rege Gespräche wurden geführt und die Handlung immer wieder von neuem aufgerollt. Die Kinder sahen es sich immer wieder mit großem Interesse an. Ich habe sie dann mal darauf angesprochen und gefragt, was ihnen an dem Buch gefällt und warum.

Es kamen folgende Antworten:

a) »Es hat so schöne Bilder«,
b) »Es gefällt mir einfach«,
c) »Es ist eine schöne Geschichte«,
d) »Weil darin Räuber vorkommen, die einen Mann überfallen«.

Sogar am Spielnachmittag wurde den Müttern dieses Buch vorgeführt. Es ist sehr gut bei den Kindern angekommen.
Nachdem die Kinder alle Bilderbücher kannten, konnte ich in den folgenden Freispielstunden beobachten, daß alle 4 Bilderbücher mit Interesse durchgeblättert wurden.

Beliebtheitsgrad der vier Bücher

1. Stelle: Der barmherzige Samariter,
2. Stelle: Der kleine Nerino,
3. Stelle: Der gute Vogel Nepomuk,
4. Stelle: Hans und Heinz.

Zu 2: Beobachtungen, die ich mit Kriegsspielzeug gemacht habe.
Wie ich schon am Anfang erwähnte, durften sich die Kinder Kriegsspielzeug bauen und damit beliebig lang spielen. Dies wurde auch sonst nicht verboten, jedoch nach einiger Zeit abgebrochen, da es das Spiel der anderen in starkem Maß störte.
Montags waren die Kampfspiele am begehrtesten. Am Wochenende hatten sich immer viele Aggressionen und Erlebnisse gespeichert, die am Wochenanfang abreagiert werden mußten. Meistens waren es sehr wüste Spiele, bei denen es oft Tränen gab. Es waren fast immer die gleichen Kinder, die sich an den Kampfspielen beteiligten. Anführer dieser Gruppe war Hanno (6 Jahre). Hanno hat ein großes »Mundwerk« und ist den anderen Jungen geistig überlegen. Seine Überlegenheit drückte er darin aus, daß er alle Spiele leitete und bestimmte, wer mitspielen durfte und wer nicht. Bei echten Kampfsituationen zeigte es sich, daß er seinen Freunden gegenüber sehr brutal sein konnte. An einem Morgen z. B. schlug er mit einem langen Baustein auf einen Jungen (Michael) ein, daß ich dachte, er würde ihn ernstlich verletzen.
Da mußte ich dann eingreifen.

Anschließend habe ich diesen Vorfall mit der ganzen »Kampfgruppe« (auch mit Hanno) besprochen (auch die möglichen Folgen).

Schilderung eines kurzen Kampfes am Montagmorgen

Hanno und Michael haben sich lange Bauklötze als Schwerter genommen. Jörg hat sich ein Schwert aus Konstribausteinen zusammengebaut.
Hanno: »Ich brauche noch einen Hut, ich bin Cowboy.«
Jörg schießt auf Hanno: »Ich habe zuerst geschossen.«
Hanno: »Ich muß erst auf den Tisch steigen, es ist mein Aussichtsturm.«
Hanno schießt.
Jörg: »Ich geh nie tot« und rennt weg.
Martin schaltet sich ein und schießt auf Hanno.
Hanno: »Ich gehe aber nie tot« und schießt zurück.
Martin: »Ich will nicht tot gehen.«
Pause – – –
Martin: »Stefan wird umgebracht.«
Es passiert aber nichts.
Anschließend wird kurz Feuerwehr und Polizei gespielt.
Hanno: »Ich muß jetzt hinaus in den Krieg.«
Michael, Hannos Freund, ist skeptisch und schaut nur zu, obwohl er sich auch eine Pistole gebaut hat.
Stefan spielt mit einem Panzer aus Gummibausteinen und ruft: »Panzer, Panzer. Ich bin ein Soldat, peng, peng.«
Hanno: »Jörg wird verhauen.«
Jörg hatte dem Spiel nur zugesehen und wird angegriffen. Er bekommt Angst und läuft weg.
Das Spiel ist unterbrochen.
Hanno marschiert »Musik 2, 3, 4.«
Michael schließt sich ihm an.

Ich habe nie einen Kampf erlebt, in dem zwei Gruppen gegeneinander kämpfen, sondern immer eine Gruppe gegen einen Einzelnen. Meist war dieser Einzelne ein Außenstehender, der mit dem Kampf nichts zu tun hatte. Es wurde auch innerhalb einer Gruppe gegeneinander gekämpft. Die Rollen Freund – Feind standen auch nie starr fest. Einer, der gerade Feind war, konnte im nächsten Augenblick wieder Mitkämpfer gegen einen anderen Feind werden.
Bei einem Kampf wird auch viel auf das Äußere geachtet z.B. ein Cowboy braucht einen Hut und eine Pistole usw. Eine Pistole konnte auch als Schwert benutzt werden und umgekehrt. In dieser Hinsicht waren die Kinder großzügig. Die Kämpfenden ließen sich auch schnell ablenken. Sobald in einer Ecke z.B. in der Puppenecke etwas Besonderes geschah, wurde der Kampf abge-

brochen, und man schaute dort eine Weile zu. Hatten sie sich alles genau angesehen, ging es weiter. Nach längerer Beobachtungszeit habe ich festgestellt, daß die Kinder nur dann länger nach Kriegsspielzeug greifen, wenn das Freispielangebot unzureichend und nicht ansprechend genug ist. Zwar brauchen sie morgens immer eine gewisse Zeit zum Austoben und Abreagieren, aber wilde Kämpfe brauchten nicht zu entstehen, wenn das Angebot entsprechend ausfiel. Die Kinder sind in einem wißbegierigen Alter und lassen sich schnell für neue Aufgaben aktivieren.
An einem Morgen spielten zwei Jungen mit einem Flugzeug (aus Gummibausteinen) Krieg. Sie stießen mit ihren Flugzeugen gegeneinander, wobei dem einen Flugzeug mehrere Teile abgerissen wurden. Der eine Junge entschuldigte sich und half dem anderen beim Zusammenbauen seines Flugzeuges.
Hier zeigte es sich wieder, daß die Kinder vieles als Spiel auffassen und sich nichts dabei denken.
Nach meinen Übungen über Streit, dessen Lösungsmöglichkeiten usw. habe ich im Freispiel schon viel Positives erlebt.

Beispiel

Zwei Kinder hatten sich Boote aus Gummibausteinen gebaut, die bei uns in der Gruppe sehr beliebt sind. Stefan, der etwas später in den Kindergarten kam, war traurig darüber, daß er keine Bausteine mehr vorfand. Die beiden anderen Kinder reagierten nicht darauf. Dann schaltete ich mich ein. Ich fragte sie, was man machen könnte, damit Stefan sich auch etwas bauen könnte. Sie überlegten und gaben dann einige Bausteine freiwillig ab. Stefan baute sich ein kleines Schiff, und dann spielten sie alle drei zusammen mit ihren Schiffen. Ich muß aber hinzufügen, daß es nicht immer richtig ist, einen Teil seiner Bausteine abzugeben. Denn auch Stefan muß mal lernen, auf etwas zu verzichten. Man darf dieses Beispiel auf keinen Fall als Rezept sehen. Ich könnte noch ähnliche Beispiele anführen, die vorgekommen sind. Natürlich mußte ich die Kinder bei einem Streit erst an unser Gespräch erinnern, bei dem wir versucht hatten, einen Konflikt zu lösen. Sie fanden auch immer einen guten Ausweg. Da die Thematik jedoch noch sehr neu ist, brauchen die Kinder einige Zeit, um sie zu »verdauen«, es einzusehen und um anschließend danach zu handeln.

1. Tag

Bevor ich im Januar mit meinem Thema beginnen konnte, mußte ich vorher erforschen, was ich bei den Kindern voraussetzen konnte. Ich habe im Dezember mit den Kindern ein Gespräch geführt und das Bilderbuch »Der gute Vogel Nepomuk« mit ihnen erarbeitet. Aus diesen Erfahrungen heraus habe ich meinen Wochenplan aufgebaut und ausgearbeitet.

Thema: Gespräch – Freundschaft – Feindschaft

Mit dem Wandfries von W. Longardt (Katechetische Spielmappe 3) bin ich in das Thema eingestiegen. Am beliebtesten war bei den Kindern »Der Junge mit den Buntstiften« und »Der Junge mit dem Teddybär«. Abgelehnt haben die Kinder »Den Jungen mit der Mütze« mit der Begründung: »Der guckt so komisch«. Anschließend habe ich die Frage gestellt: »Warum ist jemand mein Freund, wie muß er sein und wozu braucht man ihn?« Es kamen folgende Antworten:

1. »Er muß mit mir spielen, damit ich nicht so allein bin.«
2. »Er darf mich nicht hauen.«
3. »Er muß lieb zu mir sein.«
4. »Er muß mir helfen, wenn ich etwas nicht alleine schaffe.«

Auf die Frage »Wie muß ein Freund sein, kommt es nur auf das Äußere an?« kamen viele Antworten.

Die Kinder meinten, daß man mit jedem spielen könnte, auch wenn er eine andere Farbe hätte. Auch ein Kind mit schmutziger und alter Kleidung wurde nicht abgelehnt. Nur ein Junge machte eine Einschränkung: »Ich spiele aber nicht mit einem dreckigen Jungen, wenn ich gut angezogen bin und wegfahre.«

Ansonsten waren sich die Kinder einig, daß es nicht nur auf das Äußere eines Menschen ankomme, sondern auf den Menschen selbst. Die Kinder zeigten in dem Gespräch keinerlei Vorurteile.

Unter einem Feind verstanden die Kinder jemanden, der andere Kinder ärgert und schlägt.

Wir haben auch erarbeitet, daß Freunde zusammen spielen und Feinde gegeneinander kämpfen. Dabei unterscheiden wir zwischen einem gespielten Kampf (Fernsehen) und einem wirklichen Kampf (Nah-Ost). Es wurden auch mögliche Folgen aufgezählt z. B. starke innere Verletzungen, Amputationen, Tod usw. *(gekürzt)*.

2. Tag: Spielen einzelner Konfliktsituationen

Wir spielten folgende Situationen

1. Zwei Kinder streiten sich um ein Buch, dabei werden folgende Lösungen gefunden:
   a) »Ich war zuerst da, also darf ich es mir zuerst ansehen.«
   b) »Ich schaue es mir schnell an.«
   c) »Ich schaue es mir eine Weile an und dann du.« (Dies im Wechsel.)
   d) »Wir schauen es uns gemeinsam an.«
2. Zwei zanken sich um ein Malblatt
   a) »Erst male ich und dann du.«
   b) »Wir wechseln uns beim Malen ab.«

c) »Wir teilen das Blatt und malen gemeinsam.«

3. Zwei teilen sich Bausteine. Ein Baustein ist zu wenig, und es entsteht ein Streit.
   a) Der übriggebliebene Baustein wird weggelegt.
   b) Ich überlasse dem Anderen den Stein.
   c) Wir werfen die Bausteine auf einen Haufen und bauen gemeinsam.
4. Eine Freundin wird zur Feindin
   Ein Mädchen übergibt ihrer Freundin Geld zum Aufbewahren. Diese aber kauft sich davon lieber ein Album. Wie verhält sich das andere Mädchen dazu, wenn sie davon erfährt?
   Lösungen, die die Kinder fanden.
   a) Sie meidet die Freundin, und will nichts mehr mit ihr zu tun haben (Feindin).
   b) Sie verhaut das Mädchen.
   c) Sie verlangt das Geld zurück.
5. Ein Feind wird zum Freund
   Zwei Jungen sind große Feinde. Einer davon wird von einer Gruppe Jungen verprügelt. Der andere sieht es. Wie kann er sich nun in dieser Situation verhalten?
   a) Weitergehen.
   b) Dem Jungen helfen, sich zu verteidigen.
   c) Abwarten, bis die Gruppe fort ist und dann sofort hinlaufen und ihm helfen.
   d) Hilfe holen.

Die Kinder waren der Meinung, daß ein Freund ohne weiteres zum Feind und ein Feind zum Freund werden kann. Dies war bei ihnen ganz selbstverständlich. Wir haben auch herausgefunden, daß es Menschen gibt, die weder Freund noch Feind sind und daß dies ganz natürlich wäre. Auch habe ich bei den Kindern eine Feindschaft im Sinne des Erwachsenen nicht bemerken können (z.B. nachtragend sein, sich Schlechtigkeiten ausdenken usw.).

3. Tag: Katechese: »Der barmherzige Samariter«

Ich habe diese Geschichte anhand eines biblischen Bilderbuches erarbeitet. Die Kinder waren mit großem Eifer dabei und verfolgten interessiert den Handlungsverlauf. Bei der Wiederholung beteiligten sich alle Kinder, und jeder brachte einen Beitrag zur Geschichte. Kleinigkeiten, mit denen ich bei der Wiederholung nicht gerechnet hatte, wurden aufgegriffen. Sie hatten fast alles behalten und konnten mir jeden Begriff erklären (z.B. Levit). Es herrschte eine lebendige Atmosphäre. Einen ähnlichen Erfolg mit einem Bilderbuch habe ich noch nie erlebt.

An der Geschichte habe ich nicht erarbeitet, warum die beiden Männer nicht

geholfen haben, sondern, daß der Samariter geholfen hat, obwohl der Verletzte sein »Feind« war.
Einige Kinder hatten Bedenken, daß die Räuber wiederkommen würden. Aus diesem Grunde hätten sie vielleicht dem Mann nicht sofort geholfen, sondern lieber Hilfe geholt. Ansonsten fanden sie es richtig, wie sich der Samariter verhalten hatte.

4. Tag: Herstellen von Handpuppen

Aus Papprollen, Filz, Stoff und Uhu wurden Handpuppen angefertigt. Ich habe das Material auf den Tisch gelegt und mit den Kindern kurz den Werdegang der Puppe erarbeitet. Dann durften sie die Puppe nach eigenen Vorstellungen frei gestalten *(gekürzt)*.

5. Tag: Wir spielen mit den Handpuppen

1. Den »barmherzigen Samariter«.
2. Wie finde ich einen wahren Freund und wie nicht.

Ich bin mit dieser Übung nicht zufrieden gewesen, weil ich zuviel hineingepackt habe, was die Kinder verwirrt hat. An dieser Stelle möchte ich davor warnen, zuviel an die Kinder herantragen zu wollen. Es ist besser, in kleinen Schritten voranzugehen, es dafür aber gründlicher zu machen. Den »Samariter« wollte ich nur kurz spielen lassen und dabei auf Einzelheiten, wie z. B. Felsen, Levit usw. verzichten, damit das Ganze nicht zu lang wurde und ich mehr auf andere Dinge eingehen konnte. Die Kinder wollten aber das Spiel so aufführen, wie sie es gehört hatten, und wollten auf nichts verzichten.
Ich ließ es aber trotzdem verkürzt spielen, weil ich in Zeitnot war. Damit verwirrte ich die Kinder sehr, und sie wußten nicht so recht, wie sie es spielen sollten. Dies war ein großer Fehler von mir.
Anschließend ließ ich Situationen spielen, die zeigten, wie man einen wirklichen Freund finden kann. Auch hier hatte ich zu viele Situationen angeboten, so daß einzelne Situationen nicht richtig ausgespielt werden konnten.
Danach spielten die Kinder, wie man keinen wahren Freund finden kann, z. B.: Ich schenke dir Geld, bist du dann mein Freund.

6. Tag: Handpuppenspiel – Samariter

Da ich mit meiner letzten Übung nicht zufrieden gewesen war und ich gemerkt hatte, wie gerne die Kinder das Samariterspiel vollständig aufgeführt hätten, wollte ich dies nachholen lassen.
Es hat sich auch als gut erwiesen, denn die Kinder gingen sofort mit Begeisterung an das Spiel. Obwohl sie es schon kannten und kurz gespielt hatten, gingen sie mit gleichem Eifer daran, wie am vorhergehenden Tag. Sie spielten jede Einzelheit. Am Schluß konnte ich nur zufriedene Gesichter erkennen.

Da einige Kinder nicht mitspielen konnten, durften diese anschließend die Situation spielen – Krankes Kind – Wie kann ich ihm eine Freude machen.

7. Tag: Rollenspiel
Situation

Ein Kind ist in den Sandkasten gefallen und hat sich schwer verletzt. Was ist zu tun, wie muß man sich verhalten?
Die Kinder durften sich die Rollen selbst zuteilen. Einige Rollen haben sich auch aus der Situation heraus ergeben. Die Kinder konnten sich gut in die Situation hineinversetzen. Hier und da mußte ich wohl Anregungen geben und auf Dinge hinweisen, ansonsten haben sie es selbständig gespielt.
Verblüffend war auch für mich, wie gut die Kinder sich zu helfen wußten. Keiner wollte das kranke Kind sofort verbinden (in der Realität hat man auch nicht immer Verbandszeug mit sich). Ein Junge nannte sofort die Telefonzelle an der Ecke, von wo aus man den Krankenwagen anrufen könnte. Es wurde telefoniert, und hierbei zeigten sich einige Schwächen. Sie konnten den Unfall nicht genau beschreiben, vergaßen es sogar, der Name wurde nicht genannt usw. Wir haben es daraufhin durchgesprochen und anschließend gespielt. Ansonsten konnte ich keine Schwierigkeiten erkennen. Wir haben bis zu der Stelle gespielt, wo der Arzt einen Notverband anlegt und der Krankenwagen anschließend den Verletzten abholt. Die Kinder haben dies so gerne gespielt, daß sie mich baten, es noch einmal spielen zu dürfen. Ich hatte nichts dagegen einzuwenden.
Am nächsten Morgen bin ich mit einigen Kindern in die Telefonzelle gegangen, um von dort aus im Kindergarten anzurufen. Ich wollte überprüfen, ob sie sich im Notfall richtig verhalten würden. Das Ergebnis war erfreulich. Sie wußten, daß man zwei Groschen einwerfen mußte usw. Außerdem hat es den Kindern riesigen Spaß gemacht, denn auch am anderen Telefon (im Kindergarten) waren Kinder aus meiner Gruppe.

8. Tag: Dias – Gemeinschaftsarbeit

Die Dias dienten der Wiederholung, und um einige Situationen nochmals richtig zu durchleuchten.
Auch hier waren die Kinder eifrig dabei. Zu den Bildern entstanden rege Gespräche *(gekürzt).*
Bei der anschließenden Gemeinschaftsarbeit waren alle Kinder dafür, doch »den barmherzigen Samariter« darstellen zu dürfen. Sie konnten sich die Situation aussuchen und wählten die Szene, in der der Mann von den Räubern überfallen wurde. Jedes Kind bekam eine Aufgabe und hat sie auch ausgeführt. Ich kann bestätigen, daß das Gemeinschaftsbild den Kindern gut gelungen ist, und sie sind auch stolz darauf (jede Mutter bekam es zu sehen).

9. Tag: Liedeinführung »Der Kuckuck und der Esel«

Da die Kinder dieses Lied schon teilweise kannten, brauchte ich es nur einige Male zu wiederholen. Ich konnte mit ihnen dann näher auf den Text eingehen. Wir haben über den Streit der Tiere gesprochen und wie sie ihn noch anders hätten lösen können. Es wurde auch erwähnt, daß nicht nur Kinder und Tiere sich streiten, sondern auch Erwachsene. Ein Mädchen sagte zu mir: »Meine Oma und meine Mutti zanken sich immer um mich. Jeder will mich haben.« Zank und Streit war den Kindern gut bekannt, und sie konnten viele Beispiele dazu bringen. Es wurde damit abgeschlossen, daß nicht jeder Streit vermieden werden könnte und daß ein Streit auch ab und zu mal etwas ganz Natürliches wäre. Da wir noch Zeit hatten, erzählte ich den Kindern die Geschichte vom »Makkaronifresser« (Vorlesebuch »Religion«). Sie waren einstimmig der Meinung, daß keiner etwas dafür könnte, daß er aus einem anderen Land käme und trotzdem nicht schmutzig und faul sein müsse.

10. Tag: Bilderbuch »Der kleine Nerino«

Dies habe ich auf Tonband aufgenommen. Auch hier zeigten die Kinder keinerlei Vorurteile. Sie meinten, daß keiner etwas dafür könnte, daß er anders aussieht.

Nachbemerkung

Es hat sich gezeigt, daß diese thematische Einheit »Freundschaft – Feindschaft« immer wieder aufgegriffen werden kann. Jesus hat in seiner Zeit seinen Mitmenschen diese Geschichte erzählt, um ihnen am konkreten Geschehen das richtige mitmenschliche Verhalten klarzumachen. Gott hat ihn in die Welt gesandt für alle Menschen, ob Freund oder Feind.
Unser christlicher Glaube sagt uns, daß vor Gott alle Menschen gleich sind. Schon im Kindergarten haben wir dazu beizutragen, das *dies* den Kindern bewußt wird. Als thematische Vertiefung sahen wir die Möglichkeit, mit den Kindern das Lied »Alle Kinder dieser Erde« zu erarbeiten und zu vermitteln (»Willkommen lieber Tag«, Seite 83).

1. Vers: Alle Kinder dieser Erde
sind vor Gottes Angesicht
eine riesige Familie,
ob sie's wissen oder nicht.

Ich bin mit meinem Ergebnis sehr zufrieden. Das Thema ist bei den Kindern gut angekommen, denn sie haben immer wieder mit großem Interesse zugehört und mitgemacht. Dadurch, daß das Thema in einem Rahmen stand, war es für die Kinder verständlicher, die Zusammenhänge zu erfassen. Noch heute erzählen sie gerne von den gehörten Geschichten. Auch wird fast jedes neue Bilderbuch nach Möglichkeit in Verbindung mit Freund – Feind gebracht.

Im Freispiel und auch zu anderen Gelegenheiten wurde schon versucht, das Gehörte anzuwenden. Obwohl es nicht immer ganz einfach ist, und die Kinder sehr schnell etwas vergessen. Sie brauchen einige Zeit dazu, um Gehörtes praktisch und ohne erzieherischen Zeigestock anzuwenden. Jetzt, wo die Thematik noch sehr neu ist, besteht meine Aufgabe darin, den Kindern zu helfen, es anzuwenden, und sie daran zu erinnern, wenn es in Vergessenheit geraten ist.

Verbesserungsvorschlag

Man könnte nach dem ersten Wochenplan eine Pause von mehreren Wochen einlegen und nach einiger Zeit das Thema wieder aufgreifen. In der Zwischenzeit könnten dann aktuelle Themen aufgegriffen und erarbeitet werden. Da dieses Thema noch lange nicht erschöpft ist, gibt es noch viele Möglichkeiten, es weiter durchzuführen (unter gleicher Zielsetzung). Einige möchte ich noch gerne nennen:

1. Katechetische Spielmappe 3, (Longardt) »Wenn einer keinen Freund hat«.
2. Menschen in anderen Ländern (anderer Sprache, Farbe, anderen Sitten usw.).
3. Wie ich anderen Menschen ein guter Freund sein kann, z. B. Alte, Behinderte usw.

Besuch im Altersheim, Einladen älterer Leute, ihnen eine Freude machen usw.

Monika Fink

Modell 13

Etwas wiedergutmachen ...

Eine Spiel- und Lerneinheit über eine offene Bildsituation

Begründung der Thematik

Auch Vorschulkinder kennen die Situation eines Konfliktfalles, der so zu Ende gegangen ist, daß einer einen Schaden (körperlich oder gegenständlich) erlitten hat. Nun besteht jenes »furchtbare Unbehagen«, jenes »Wissen«, daß man eigentlich etwas tun müßte, um die Sache wieder ganz oder wenigstens teilweise gutzumachen.

Pädagogisch-theologische Zielvorstellungen

Im Vorfeld des Evangeliums, das zur Wirklichkeit von Versöhnung und Brüderlichkeit ermutigen und führen will, gilt es, Kinder für zwischenmenschliche Situationen (für das fremde und eigene Empfinden) zu sensibilisieren. Dies kann nicht mit Moralverordnungen oder repressiven Konsequenzandrohungen geschehen. Die Fähigkeit interpersonaler Wahrnehmung muß vielmehr so verfeinert werden, daß die vielfältigen sprachlichen und nicht-sprachlichen Kontaktmöglichkeiten, sogar auch die Atmosphäre zwischen zwei oder mehr Menschen bewußtgemacht werden können.
Die Phantasie für einen Geschädigten und Traurigen, das Sich-Einfühlen in eine Situation – die wieder friedlich und kooperativ werden könnte, wenn man sich in die Augen sieht, miteinander spricht und etwas zu tun versucht, was guten Willen zeigt –, ist weitgehend »trainierbar«. Dies ist mehr als ein wenig soziales Training, denn es führt in die Nähe neuen, befreienden Anfanges, den Jesus ermöglicht und mit dem er Menschen gegenübergetreten ist.

Gruppensituation

Zum behutsamen Übertragen einzelner oder mehrerer Teile dieses kleinen Modells (was nur unter sorgfältiger Beachtung der jeweiligen Lerngeschichte

der Kinder geschehen kann!) ist es wichtig zu wissen, daß beide Vorschulkindergruppen, in denen diese Spiel- und Lerneinheit »gewachsen« ist, es gewohnt sind, alltägliche Vorgänge in einer kleinen Andacht am Wochenende zu nennen: Dinge, für die man danken will oder die Sorge machen und für die man bitten will. Wenige Kerngeschichten des N. T. sind erspielt worden, z. B. Jesus begegnet Zachäus, Jesus beruft Petrus zum Helfer und zuletzt Petrus verleugnet Jesus (der ihm aber verzeiht).

Materialien

Ein Bild eines Vorfalles unter Kindern in Simultandarstellung (d. h. eine zweite Geschehensphase ist bereits mit dargestellt);
ein geistliches Kinderlied »Was so unter uns geschieht ...«

Text und Melodie: Wolfgang Longardt

	Möglicher Ablauf	Alternativen (Ergänzungen)
Baustein A	Mit Hilfe eines Xylophons wird die erste Liedzeile »Was so unter uns geschieht, was man hört und was man sieht, ist nicht immer fröhlich bloß« eingeführt. Die Kinder erinnern sich spontan an Ereignisse aus dem Kindergarten oder ihrer Umwelt. Die Erzieherin erfragt bei diesen Beispielen, wo etwas wieder in Ordnung gekommen, wiedergutgemacht worden ist (Beispiel 1: zerstörtes Spielzeug / Erwachsene reparierten oder Beteiligte versuchten es gemeinsam; Beispiel 2: Vogel ist entflogen, kleiner Bruder ließ Käfig offen / aus gemeinsamen Sparkassenbeständen wurde schließlich ein neuer gekauft, aber um den alten wird doch noch getrauert usw.)	Ohne Musik wird nur mit der Textzeile »einer weint, der andere lacht« begonnen. Auf den Frageimpuls der Erzieherin, ob es so etwas auch hier im Kindergarten gäbe, reagieren die Kinder zunächst nicht, aber zwei holen dann aus den Regalen Bilderbücher, weil sie sich an Bilder erinnern, auf denen jemand weint oder traurig ist (z. B. finden sie das Bild des traurigen »Nerinos« und ein Beispiel aus »Fenny«).
Baustein B	Ohne erklärende Worte wird das Bild mit der Simultandarstellung gezeigt. Nur zwei Kinder meinen, da seien Zwillinge zu sehen (gleiche Pullover); die anderen erkennen sofort, daß es sich um den gleichen Jungen und um den Augenblick handelt, wo er weggegangen ist (»Dann tut er so komisch, daß man nichts merkt«). Nach und nach wird der Bildvorgang von den Kindern verbalisiert. Auf den Einwurf eines Jungen: »Ich kann mir denken, wie das weitergeht!« wird beschlossen, am anderen Tag zu malen, wie die Sache ausgehen könnte. *Anmerkung:* Zwei Kinder malen noch	Das Simultanbild wird nur zwei Kindern gezeigt, damit sie in einem Beschreibungsspiel den anderen erklären, was sie sehen. Auch auf diese Weise »entsteht« bald eine Vorstellung des Ablaufes. Es kommt dann zu Wertungen (»Das ist gemein!«), aber auch zur Voraussage (»Wenn das rauskommt, haut er ihn aber!«). Als die Erzieherin gleichsam als musikalischen Gedankenstrich für heute nun die Liedzeile singt, äußern die Kinder: »Vielleicht weint der eine, aber der andere, der schnell weg will, lacht nicht, er hat Angst.«

im Laufe des Vormittags »Schlüsse« (eine Prügelszene und eine Rückgabe des Weggenommenen).

Baustein C

Das Simultanbild wurde nochmals als Erinnerungsimpuls gegeben; dann malen die Kinder auf, wie die Geschichte weitergehen könnte.

Hier beginnt die Erzieherin heute mit dem Einsingen in das Lied »Was so unter uns geschieht ...« (unter Auslassung der Schlußzeile). In kleinen stummen Stegreifspielversuchen stellen die Kinder die Situation dar.
Sie sprechen darüber, wie der eine traurig ist, weil er seinen Stift nicht mehr hat (»oder er schimpft«, sagt ein Junge), und wie der andere Angst hat, entdeckt zu werden. (»Er hat ein schlechtes Gewissen«, meint jemand. Es zeigt sich aber, daß die anderen Kinder der Gruppe mit diesem Wort nichts anfangen können; doch die Situation verstehen sie).
Ein Junge wirft ein, daß keiner etwas herausbekommt, wenn er den Stift gut versteckt. Andere Kinder verweisen jedoch darauf, daß sie dann nicht so gerne zusammen spielen (»... wenn einer was wegnimmt«).

Baustein D

Man erklärt und betrachtet die Bilder. Einige enden mit Streit oder Prügel, einige aber damit, daß das Weggenommene zurückgegeben wird.
Ein Mädchen schlägt vor, damit es richtig wieder gut ist, sollte er nicht nur einen, sondern mehrere Stifte bekommen, so daß er sich freut und der Freund »wieder lacht«.
Man überlegt andere Möglichkeiten, daß es gut ausgeht. Einige Kinder schlagen eine »Entschuldigung« vor

Erst am anderen Tag wird das Gespräch fortgesetzt. Die Kinder machen einige Vorschläge für einen neuen Anfang der Freundschaft (»... wie es wieder gut wird«). Meist denken sie nicht nur an das Zurückgeben, sondern an eine »Freude, die er ihm machen soll« (Schokolade, Versprechen, es nicht mehr zu machen u. ä.).

(»Er wollte ihn ja nicht behalten!«).
Doch auch die Möglichkeit, daß der andere nach Rückgabe des Stiftes weiter »böse ist und nicht mehr mit ihm spielt«, kommt zur Sprache (»... dann sind beide traurig«).
Pantomimisch stellen die Kinder dar, wie beide traurig sind. Aber kann ihre Freundschaft nicht mehr neu anfangen?

Baustein E

Als neuen Impuls legt die Erzieherin das der Gruppe gutbekannte »Zachäus«-Bilderbuch vor (aus der Reihe »Was uns die Bibel erzählt«).
Einige Kinder erkennen sofort die Ähnlichkeit der Situationen (»Zachäus hat auch alles zurückgegeben« – »Dann war alles gut«). Sie erinnern sich, daß Jesus ihm Mut gemacht hat.

Die Bilder mit Schlußmöglichkeiten, wie sie die Parallelgruppe gemalt hat, werden betrachtet und besprochen. (Die Erzieherin bricht die thematische Beschäftigung hier ab, weil verabredet ist, daß das gesamte Lied und Bilder »wie es bei Jesus und Zachäus wieder gut wurde« in der kleinen Andacht am Wochenschluß vorkommen.)

Baustein F

Nun führt die Erzieherin die letzte Liedzeile »mancher dann an Jesus denkt, der den neuen Anfang lenkt« ein, die die Kinder nachsingen.
Das Gespräch über das »Wieder-gut-machen« geht noch eine Zeit weiter, bis die Erzieherin das ganze Lied zum Abschluß der Einheit vorsingt.

Anmerkung 1: In der Mitarbeiterbesprechung tauchte der Gedanke auf, auch die Situation des weinenden Petrus (Verleugnung) und Jesu vergebendes Verhalten mit einzubeziehen. Aber um der Gefahr der Überfrachtung zu entgehen, wurde beschlossen, den Gedanken, daß oft etwas wieder gut wird, indem vom »Enttäuschten, Geschädigten« der Neuanfang, das Friedenstiften und Vergeben ausgehen können, später neu aufzugreifen.

Anmerkung 2: Das geistliche Kinderlied ist der »3. Katechetischen Spielmappe« (»Wenn einer keinen Freund hat«), unter Veränderung zweier Textstellen entnommen.

Wolfgang Longardt

Modell 14

Das große Versprechen

Ein religionspädagogisches Modell in fünf Phasen

Situation

Dieses Modell unterscheidet sich von manchen bisher veröffentlichten Spiel- und Lerneinheiten, in denen ganzheitliche religiöse Erziehung versucht wurde, schon dadurch, daß sich die Startphase im Bereich der Elternarbeit vollzieht. Im Rahmen von regelmäßigen Kindergartenelternabenden verstärkte sich der Wunsch junger Eltern, über religionspädagogische Zielvorstellungen des Kindergartens informiert zu werden und im Gespräch mit den Erzieherinnen gemeinsame Standortklärungen zu versuchen.
Schon oft war den Eltern aufgefallen, daß gestalterische Ergebnisse aus religionspädagogischen Spieleinheiten von den Kindern mit großer Freude daheim vorgezeigt und daß Spiellieder (aus den »111 Kinderliedern zur Bibel«) und Szenen zu Hause begeistert wiederholt wurden.
An einem ersten Gesprächsabend konnte man relativ problemlos zu einer Übereinstimmung kommen, daß innerhalb eines Kindergartenjahres etwa drei bis fünf biblische Geschichten (in der Mehrzahl Jesusgeschichten mit Modellcharakter oder Kehr-Wieder-Situationen) vielfältig erschlossen werden sollten. Als Verständigungsformel einigte man sich (unter vorläufigem Verzicht auf dogmatische Überfrachtung), auf die allererste Definition »Jesus, das war ein Mann, der gezeigt hat, wie die Welt eigentlich gut sein könnte«. Modellgeschichten von Vergebung, Zuwendung und Einladung zum Vertrauen sollten sparsam und ohne Zeit- oder Stoffdruck entdeckt oder entfaltet werden nach dem Leitsatz »für den Kindergarten ist weniger Bibel *mehr* Bibel«. Eine Minderheit unter den Eltern, die wöchentliche Vermittlung biblischer Geschichten wünschte, konnte ebenso von dieser intensiv-gezielten Arbeitsweise überzeugt werden, wie die andere Elterngruppe, die biblische Inhalte nur zusammen mit den großen Festen vermittelt haben wollte.

Die allgemeine Gesprächslage dieses ersten Abends wurde dadurch erleichtert, daß Themenkreise wie »Wenn einer keinen Freund hat« – »Was ich auch schon kann« – »Wenn wir manchmal Angst haben« und »Ohne Sonne, ohne Wasser« bei den Kindern offenbar ein solch gutes Echo gefunden hatten, daß dies den meisten Eltern nicht verborgen geblieben war.
Dazu kamen Elternäußerungen, daß man vom kirchlichen Kindergarten erwarte, »Vertrauen in den guten Grund der Welt« und Verständnis für biblische Inhalte zu wecken, wobei sich die Eltern aus vielfachen Gründen überfordert und unsicher fühlten.

Phase 1

Das Gespräch mit den Eltern konnte aber nicht nur an den Jesus-Aussagen über unser menschliches Miteinander stehenbleiben, sondern man fragte schließlich auch nach dem Tod, nach dem, was die Bibel wohl unter Himmel verstehe, nach Gottesvorstellungen usw.
Ehe eine für die Kinder geplante Einheit »Das große Versprechen« (Ich lebe und ihr sollt auch leben) begonnen wurde, wollten sich die Eltern mit den Erziehern noch ein weiteres Mal treffen, um die Fragen nach Tod und christlicher Auferstehungshoffnung zu durchdenken. Zu diesem Abend kamen neun Eltern weniger, obwohl zunächst alle ihre Bereitschaft erklärt hatten, auch über diese Fragen und die geplante Kindergarten-Einheit zu reden.
Nach einer kurzen Begrüßung und einem die Atmosphäre auflockernden Ansehen von Kinderzeichnungen »Jesus besucht einen, den sonst keiner besucht« (Zachäus) las und besprach man in Kleingrupen die Geschichte »Nichts für Kinder« von Hanna Hanisch (Vorlesebuch Religion, Bd. 1, S. 116). Sehr temperamentvoll wurden Fragen »Soll man Kinder mit zu Beerdigungen nehmen?« – »Soll man ihnen den Friedhof zeigen?« diskutiert. Im letzten, dem längsten Teil (!) des Abends einigte man sich, als Eltern gelegentlich mit den Kindern über einen Friedhof zu gehen, und gab auch den Erziehern »grünes Licht«, es in kleinen Gruppen von sechs bis acht Kindern innerhalb der geplanten thematischen Einheit zu tun.
Obwohl viele Eltern erklärten, sie hätten kein Verständnis und kein Verhältnis zum Auferstehungsversprechen Jesu, kam am Ende des Abends eine Übereinkunft zustande, das biblische Angebot des Kindergartens auch in dieser Frage zu Hause fair »stehenzulassen« und nicht anzugreifen. Dabei war es selbstverständlich, daß die Eltern ermutigt wurden, auf sie bedrängende Kinderfragen zum Thema »Tod und was dann?« mit ehrlichem »Ich-weiß-es-nicht« zu antworten.
Es sollte bei den Kindern das tatsächliche Bild deutlich werden: es gibt Menschen, die haben großes Vertrauen zu Jesus und seinem Versprechen, daß der Tod kein Ende ist; andere können ihm dies nicht zutrauen; manche sagen

auch, das könne es nicht geben: Auferstehung und neues Leben.
Anmerkungen: Bei beiden Gesprächsabenden war der zuständige Ortspastor anwesend; er hielt aber kein Referat. Die praktische religionspädagogische Arbeit der letzten Monate war für die Eltern anschaulich genug. Während des Abends beantwortete er gleichsam als theologischer Sachverständiger Einzelfragen.

Phase 2

Aus den Figuren der vierten »Katechetischen Spielmappe« (»Was ich auch schon kann«), hatten die Erzieher und eine Praktikantin alle von den Kindern hergestellten Figuren an zwei Flanellwände geheftet und dabei jedem zweiten Gesicht mit einem nach unten gewölbten, feuchten Wollfaden als Mund ein trauriges, dem anderen daneben mit einem nach oben gewölbten ein fröhliches Aussehen gegeben. Auf den Frageimpuls »Fällt euch etwas auf?« fanden die den Raum betretenden Kinder schnell heraus, daß immer ein trauriges Gesicht neben einem fröhlichen an den Flanelltafeln zu finden war.
Die achtzehn Kinder spielten dann eine Weile an den zwölf Figuren herum und änderten immer wieder den Gesichtsausdruck zwischen *traurig* und *fröhlich*. Ein kurzes Gespräch entstand über Situationen, die uns fröhlich oder traurig machen. Die Kinder berichteten von der lustigen Tante, die leider wieder abgefahren ist (Wochenendbesuch), vom Hamster, der gestorben ist, vom bevorstehenden Geburtstag, von einem tollen Ausflug usw.
Die Erzieherin hatte für den zweiten und letzten Schritt an diesem Tag in eine den Kindern vertraute Kramschachtel mit Bildern einige Fotokopien aus dem Bildband »Kinder aus aller Welt« gesteckt. Nun wurde die Schachtel ausgeschüttelt und man entdeckte traurig-weinende und lachend-fröhliche Kinder.
Die ursprüngliche Absicht, diese Fotos noch den entsprechenden Filzfiguren spielerisch zuzuordnen, ließ die Erzieherin fallen. Die Kinder hatten danach das Bedürfnis, den sonnigen Tag noch draußen auszunutzen.

Beobachtungen des Protokollanten

Die Kinder hatten Spaß, die Bild- und Figurenvorlagen sofort auch in eigene mimische Reaktionen zu übersetzen. Ein Junge erfand ein Spiel: er hielt sich die Hände vors Gesicht und sagte: »Hallo, wie gucke ich denn jetzt?« Dann nahm er die Hände weg und grinste oder lachte, um das nächste Mal ein heulendes Gesicht zu machen, wobei er sagte: »Der Pompidom ist tot, hu-hu!« (Über das Fernsehen hatte er wohl etwas von den Trauerfeierlichkeiten zum Tode des französischen Staatspräsidenten Pompidou mitbekommen.)

Phase 3

Zwei Tage später regnete es fast unaufhörlich. In einer natürlichen Erzählsituation machte die Erzieherin die Kinder mit der Geschichte »Nichts für Kinder« bekannt. Sie wählte eine Mischform, halb erzählt, halb original vorgelesen. Der Titel wurde von ihr nicht genannt. Ein Kind lief noch während der Geschichte zur Kramschachtel und suchte ein Bild eines traurigen Jungen heraus. »Da ist er«, meinte es.
Im anschließenden Spontangespräch stellte sich heraus, daß nur zwei Kinder schon auf einem Friedhof waren (Spaziergänge mit Vater oder Mutter). Zum Thema Beerdigen hatten aber mehrere schon einige Erfahrungen anläßlich gestorbener kleiner Haustiere, die sie liebevoll beigesetzt hatten und nun davon erzählten. »Der Hamster sah aus, als wenn er nur schläft; aber er war so kalt und etwas steif.«
Was »Tot-Sein« ist, wurde noch ein wenig verdeutlicht: sich nicht mehr bewegen, nicht mehr atmen, nicht mehr Hunger haben, nicht mehr Durst haben, nicht mehr Schmerzen spüren (einer erzählte von einem kranken Vogel) usw. »Und wir sind dann traurig«, meinte ein Mädchen.

Beobachtung des Protokollanten

Die Erzieherin stand während dieser Phase manchmal in Gefahr, die Kinder, die alle spürten und verstanden, wovon die Rede war, allzusehr zum Verbalisieren zu drängen. (Sie wollte »Lernkontrolle«, wobei die Gefahr besteht, daß begriffliches Formulieren die Erfahrensweise verkürzt. Wahrscheinlich darf vorschulische Religionspädagogik hier nicht so sehr mit schulisch-rationalen Lernverfahren liebäugeln, die ebenfalls im Drang, alles rasch verbalisieren zu wollen, zu schnell den Weg in eine »Verkopfung« gehen.)

Phase 4

Auf einem Spaziergang entdecken die Kinder unter Laubbäumen altes Laub vom Vorjahr. Sie bemerken, wie feucht die unterste Laubschicht ist; dort zerfällt schon die Blätterform. Auf dem Rückweg wird ein Komposthaufen besichtigt; vieles ist vom Vorjahr darauf geworfen worden. »Was nur einen Sommer lebendig ist« oder »Was nun tot ist und verfault«. Man unterhält sich auch, daß Kompost dann im Garten verteilt wird, damit neues wieder gut wächst.
Im Kindergarten angekommen, holt die Erzieherin einen im Vorjahr zum Kreislauf der Jahreszeiten von den Kindern geklebten großen Tapetenfries wieder hervor. Die Kinder erinnern sich, was jeder von ihnen darauf geklebt hat: »Die Sonnenblume ist von Angela!« – »Wie jetzt aus der alten Blume die Körner herausfallen, hat Petra gemacht!«
Die damals gesungene und in Körperbewegung (großes Kreisen der Arme) übertragene Kreislaufmelodie auf Worte aus 1. Mose 8, 22 wird wiederholt:

Jeder Sonnenaufgang, jeder Frühling weist auf dieses Versprechen Gottes hin. Mitten in das Reden über die Jahreszeiten und das intensive Betrachten des Frieses spielt die Erzieherin auf einem Altxylophon einen neuen Vers über Gottes großes Versprechen:

Mit diesem eingängigen katechetischen Refrain gehen die Kinder an diesem Tag nach Hause.

Beobachtungen des Protokollanten

In dieser Phase waren die Kinder nicht nur bei den Naturbeobachtungen (z. B. Vergleich neuer und schon vermoderter Blätter) sehr aktiv; sie formulierten oft auch von sich aus Sätze, die ein Staunen vor diesem Schöpfungskreislauf von Werden und Vergehen zeigten.
Die Wiederbegegnung mit dem selbstgemachten Fries wirkte wie die Begegnung »mit einem guten Bekannten«. Auch das Kreisen der Melodie wurde recht konzentriert und intensiv vollzogen; von einigen schließlich im Raum herumlaufenden Kindern noch viele Male, während andere schon wieder auf dem Boden hockten und wieder Einzelheiten des Frieses betrachteten. Der neue Vers wirkte nicht »aufgepropft«, denn die Kinder sind gewohnt »Bastelverse« zu singen, zuweilen selbst etwas zu reimen.

5. und letzte Phase

Als Spielimpuls werden von der Erzieherin heute zwei Kartons mit unlängst von den Kindern gebastelten Styroporstockhandpuppen mitten in den Raum gestellt. Tatsächlich beginnen einige Kinder damit monologisch oder auch dialogisch zu spielen. Die Erzieherin gibt als Spielanreiz den Beginn einer Geschichte:
»Jorg ist schon sechs und geht auf den Spielplatz. Seine vierjährige Schwester Hanni hat sich gestern den Fuß verletzt und muß heute in der Wohnung

bleiben. Die Mutter wird erst am frühen Nachmittag zurückkommen; da verspricht Jorg seiner Schwester: ›Wenn die Turmuhr elf schlägt, komme ich hoch, ganz bestimmt.‹ Nun wartet Hanni ...«
Die Situation wird sogleich gespielt. Die Turmuhrschläge macht ein Mädchen auf einer Triangel. In mehreren Spielauffassungen kommt Jorg pünktlich – wie versprochen – zurück. In einer Fassung hat er »Verspätung«. Anschließend und in kleinen Puppenspielpausen reden die Kinder über ihre Erfahrungen mit Versprechen (mit eingehaltenen und leider nicht eingehaltenen!). Wenn einer Versprechen hält, weiß man sicher, man kann ihm vertrauen.
Auf die gestrige kleine Xylophonmelodie singt die Erzieherin nun von einem anderen großen Versprechen. Zu Leuten, die traurig sind; weil jemand, den sie liebhaben, gestorben ist und nun beerdigt wird, können wir das sagen: Jesus will neues Leben schenken! Er vergißt keinen!

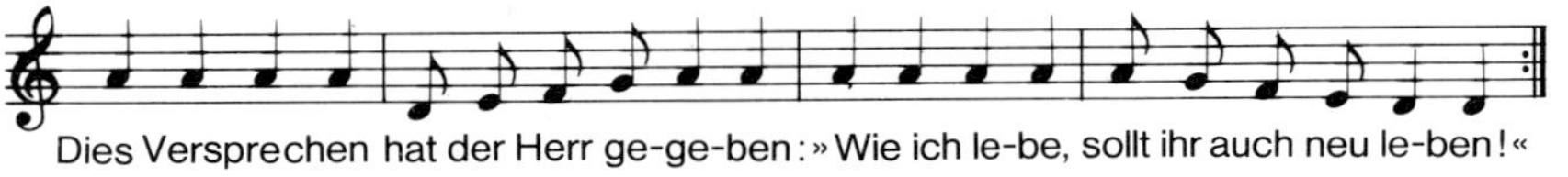

Die Erzieherin berichtet, daß sich manche Leute schon damals über dieses Versprechen Jesu gewundert haben. Auch heute sagen viele Menschen: »Wenn einer tot ist, beerdigt und langsam wieder zerfällt, bis er wieder Erde ist, kann Jesus ihm kein neues Leben mehr schenken.« Andere aber hatten schon damals gemerkt: was Jesus sagt, das gilt, das tut er!
Aus einigen wenigen biblischen Geschichten konnten die Kinder an dieser Stelle »belegen«, daß man Jesus vertrauen kann. »Wie der Sturm war, hat es auch gestimmt, was er gesagt hat«, meint ein Junge. »Nach Ostern war er doch lebendig, wie versprochen!«, kommt eine Erinnerung an die Osterfeier im Kindergarten. Auch ein alttestamentliches Beispiel wird genannt, weil das David-und-Goliath-Spiel sich den Kindern so eingeprägt hat, »David hat auch ganz sicher gewußt, Gott ist bestimmt bei ihm.« (Auch das Versprechen am Ende der Noahgeschichte vom Vortag wird nochmals erwähnt.)
Am Ende singen alle nochmals den neuen katechetischen Refrain nach Johannes 14, 19: »Dies Versprechen hat der Herr gegeben, wie ich lebe, sollt ihr auch neu leben!«

Beobachtungen des Protokollanten

a) in dieser Gruppe:
Auch in den Freispielphasen der kommenden Tage tauchte der obige Vers gelegentlich auf. Dann schlossen sich manchmal Kommentare und Gespräche an: »Wie macht er das bloß?« – »Das ist vielleicht sein großes Geheimnis!« – »Hm, die Überraschung!« – »Mein Opa ist gleich zu Asche verbrannt worden,

aber den vergißt er auch nicht zu rufen.« – »Dann gibt's aber eine Freude!« – »Hm, ein Fest ...«

b) in einer Parallelgruppe:

Da hier nur auf zwei Jesusgeschichten (Sturmstillung und Zachäus) zurückgegriffen werden konnte, mußte die Erzieherin stärker »führen« und es stellte sich als ein Mangel heraus: die Jesusgestalt war den Kindern noch etwas fremd und nicht genug vertrauenswürdig.

Da die Kinder beider Gruppen aber häufig während des Tages zusammentrafen, ergaben sich gruppenübergreifende »Sandkastengespräche«, wie Gott alles neu machen kann; die Sonne hat er auch »anfangen lassen zu leuchten«, wie sich ein Mädchen ausdrückte.

Wolfgang Longardt

Modell 15

Wer Frohes erwartet, hat schon jetzt viel zu tun

Religionspädagogische Einheit für den Kindergarten

Vorbemerkung

Diese Einheit wurde (abgesehen von dem Bezug auf Weihnachten) im Frühsommer 1975 für eine Kindergartengruppe im Vorschulalter entwickelt und erprobt. Das Ereignis Schuleintritt und die Erwartung zahlreicher Abschiedsfeiern im Kindergarten und privat machte die Themenstellung aktuell. Die Kinder spürten die Ambivalenz des bevorstehenden Einschnitts, der zugleich Abschied und aufregenden Neuanfang bedeutete, und waren vielleicht von daher besonders bereit, über die Situation des Wartens nachzudenken. Mit den Kindern war mindestens ein Jahr in ähnlicher Weise gearbeitet worden; sie waren an themenorientierte Gespräche gewöhnt.
Die im Folgenden aufgeführten Schritte sind nicht als festes Programm anzusehen, sondern als Möglichkeiten, die sich austauschen, fortlassen und variieren lassen. Denkbar wäre z. B. auch eine Aufteilung des Modells, etwa so, daß die ersten Schritte Bezug nehmen auf ein aktuelles Ereignis im Kindergarten (z. B. Sommerfest) und der Bezug auf Weihnachten dann in der Adventszeit nachgetragen wird.

Planung
Zielvorstellungen

Die Kinder sollen sich unterschiedlicher Situationen des Wartens bewußt werden. Sie kennen gelangweiltes, angstvolles, aber auch freudiges, ungeduldiges Warten. Sie sollen merken, daß die Wartezeit gefüllt werden kann, daß das freudige Ereignis, auf das man z. B. wartet, dann eigentlich schon früher beginnt, nämlich mit der Vorfreude, mit der Vorbereitung. Sie sollen erfahren, daß auch die Christen so warten und ihr Leben auf das erwartete Ereignis hin ausrichten, es vorzubereiten versuchen: Christen warten auf Gottes Kommen, sein Reich, ein Leben in Gerechtigkeit und Frieden, und sie wissen durch Weihnachten, durch Jesu Kommen in die Welt, daß ihr Warten nicht vergeblich ist.

Begründung in bezug auf das Thema

Christsein heißt eigentlich nicht nur vor Weihnachten, sondern immer »im Advent stehen«, aus der Erwartung des Kommens Gottes her leben. Vielleicht ist aber diese christliche Grundhaltung für die Kinder am ehesten vor den Festen spürbar, wenn sie durch die Festvorbereitungen selbst »erwartungsvoll« werden. Für die Kinder wie für uns ist es von Bedeutung, sich klarzumachen, daß die Wartezeit oft keine unwichtige Zeit ist, die man nur irgendwie hinter sich bringen muß, sondern daß wir sie füllen können, daß wir z. B. schon auf das freudige Ereignis hin aktiv werden können. Und so verstanden gehört die Wartezeit eigentlich schon zum Fest, zum erwarteten frohen Ereignis dazu. Gott, sein Reich sind eben schon mitten unter uns, wo wir auf das Kommen dieses Reiches zuleben, unser Leben an ihm ausrichten. Es steht noch aus, dies Ereignis, und doch ist es seit Weihnachten in Ansätzen schon da, wo wir die Wartezeit ernst nehmen und füllen.
Biblische Kontexte: Matthäus 25, 1–13; Lukas 2, 14; Lukas 12, 35–48; Lukas 17, 20–21; Lukas 19, 1–10; Jesaja 11, 6–9.

Begründung in bezug auf die Kinder

Gedacht ist an Kinder im Vorschulalter, bei denen beides stark ausgeprägt ist: die Vorfreude auf ein kommendes Ereignis, die sie so stark bestimmt, daß sie nur noch davon reden, und die Ungeduld: Sie können es kaum noch erwarten. Beides läßt sich bewußtmachen und zu gezielter Aktivität leiten.
Schwieriger erscheint mir der Schritt von den konkreten Situationen des Wartens bei Kindern zum Warten auf Christus oder Gott und sein Reich. Es werden zumindest Zwischenschritte nötig sein: Warten auf Weihnachten – warten auf ein Ende aller Not –, damit das christliche Warten konkreter und für die Kinder erfahrbarer wird.

Material

Papier, Buntstifte, Wachsmalkreide, Knetmasse, evtl. Handpuppen.
U. Wölfel: Nebel, in: Vorlesebuch Religion I. S. 46–48.
U. Wölfel: Feuerschuh und Windsandale, Düsseldorf: Hoch-Verlag 1961, S. 17–21.
D. Steinwede: Vorschulbuch Religion. Düsseldorf: A. Bagel-Verlag 1974. S. 26–27.
Brot-für-die-Welt-Poster oder Fotos.
Zu Schritt 4 und 5 vgl. M. und J. F. Spiegel: Arbeitshilfen für die religiöse Erziehung im Vorschulalter. München: Don Bosco-Verlag 1973. S. 73–80.

Durchführung

1. Schritt: Die Kinder werden sich unterschiedlicher Situationen des Wartens bewußt.

Die Erzieherin sitzt mit den Kindern im Kreis. Die Kinder erzählen auf Anfrage, wie sie schon mal gewartet haben: auf den Bus, beim Zahnarzt, auf die Eltern, aufs Schwimmengehen usw. Die Erzieherin versucht, diese Situation des Wartens danach zu ordnen, wie die Kinder sich dabei gefühlt haben: »Wie war das denn, das Warten damals?« Die Kinder merken: Es gibt angstvolles, gelangweiltes, aber auch freudiges Warten. Vertiefung: Die Kinder bekommen ein einmal geknicktes Din-A 4-Blatt und Buntstifte bzw. Wachsmalkreide. Sie sollen nun eine positive und eine negative Situation malen. Die Aufgabe heißt: »Ihr könnt jetzt malen, wie ihr mal gewartet habt. Und zwar sollt ihr auf die eine Seite malen, wie ihr auf etwas Schönes wartet, und auf die andere Seite, wie ihr auf etwas wartet, was euch keinen Spaß macht.«

Nach dem Malen erläutern die Kinder ihr Bild. Es fällt auf, daß die Kinder nur beim gelangweilten und angstvollen Warten die Situation des Wartens malen, während sie beim freudigen Warten sich in der erwarteten Situation darstellen, z. B. Warten an der Bushaltestelle – aber: Selbstdarstellung als Indianer in der Erwartung eines Indianerfestes. Ob hier in der Vorfreude schon so etwas wie »Vorwegnahme« enthalten ist?

2. Schritt: Weitere Vertiefung.

a) Die Kinder denken sich in ein angstvolles Warten hinein. Es kann klarwerden, wie solches Warten zum Handeln drängt.

Die Erzieherin erinnert die Kinder an ihre eigenen Erfahrungen mit dem Warten und kündigt ihnen eine Geschichte von Kindern an, die auch warten. Dann liest sie die Geschichte »Nebel« von Ursula Wölfel (s. Anlage 1), in der die Kinder auf die Heimkehr der Eltern warten, die sich wegen starken Nebels und Glätte hinauszögert. Sie können einfach nicht einschlafen, und schließlich ziehen sie sich wieder an und laufen auf die Straße hinaus, den Eltern entgegen. Erst jetzt können sie die Dichte des Nebels einschätzen und darum auch die Verspätung der Eltern verstehen, die bald darauf heil mit dem Auto eintreffen.

Es schließt sich ein Gespräch an: Worauf warten die Kinder? Warum können sie nicht einschlafen? Was tun sie statt dessen? Was hätten die Kinder noch tun können oder: Was hättet ihr getan?

Wenn man so voller Angst und Sorge wartet, dann mag man gar nicht mehr still dasitzen, dann möchte man etwas tun. Angstvolles Warten drängt aus der Passivität zur Aktivität.

b) Die Kinder denken sich in ein freudiges Warten hinein. Sie können darauf kommen, daß die Vorfreude auch schon zum erwarteten Ereignis, zum Fest gehört.

Die Erzieherin knüpft an das Besprochene an und führt dann den kleinen Tim aus Ursula Wölfels »Feuerschuh und Windsandale« ein, der sich auf seinen Geburtstag freut und an gar nichts anderes mehr denken kann. Sie liest das Kapitel »Neunhundert Minuten vor Geburtstag und die Geschichte von einem dummen Mann« (S. 17–21)[1] oder auch nur den letzten Teil davon vor. Tim ist nicht nur unkonzentriert vor seinem Geburtstag, er kann vor lauter Ungeduld nicht einschlafen. Da erzählt ihm der Vater die Geschichte von dem Mann, der jeden Tag Geburtstag haben wollte und darüber seinen eigentlichen Geburtstag gar nicht mehr bemerkte (s. Anlage 2). Im Gepräch kann herausgestellt werden, daß der Geburtstag deshalb etwas Besonderes ist, weil er nur einmal jährlich vorkommt und man sich lange darauf freuen kann. Eigentlich ist die Zeit davor ebenso wichtig wie der Geburtstag selbst.

3. Schritt: Den Kindern wird deutlich, was man alles tun kann, wenn man auf ein Fest wartet.
An der Situation im Kindergarten oder an der Jahreszeit sollte sich entscheiden, über welches Fest man hier nachdenken will: Geburtstag, Sommerfest, Abschiedsfest oder Weihnachten. Die Erzieherin eröffnet das Gespräch mit der Frage, was man denn alles zur Festvorbereitung tun kann. Jedes Kind macht einen Vorschlag, den es anschließend aufmalt.
Dann versucht die Erzieherin mit den Kindern, die Bilder in eine zeitliche Reihenfolge zu bringen, so daß sich eine Art Bildergeschichte ergibt. Die Kinder werden merken: Wer ein Fest erwartet, hat wirklich viel zu tun.

4. Schritt (Generalisierung): Die Kinder erfahren, daß alle Menschen warten, daß sie darauf warten, daß es besser wird.
a) Kinder warten, daß es besser wird.
Die Erzieherin zeigt den Kindern Fotos von anderen Kindern, die traurig, allein, einsam, krank, arm oder hungrig sind (ewa aus dem Vorschulbuch Religion, S. 26/27, oder Fotos »Brot für die Welt«). Sie fragt, ob diese Kinder auch warten und worauf. Habt ihr auch schon mal so gewartet? Was können die abgebildeten Kinder tun, während sie warten? Oder sind sie darauf angewiesen, daß andere etwas tun? Was könnten wir für sie tun? Wie müßte es sein, damit alle Kinder froh sind?
Alternative: Entsprechende Notsituationen könnten mit Handpuppen gespielt werden. Gespräche wie oben.
b) Alle Menschen warten, daß es besser wird.

1. Den Abschnitt mit den Anfangsbuchstaben der Artikel, die Tim einkaufen soll (S. 18 oben), sollte man weglassen bzw. verändern.

Die Erzieherin bespricht mit den Kindern, daß auch Erwachsene oft Kummer haben oder in Not sind und auf Änderung hoffen. (Vielleicht wissen die Kinder auch hier Beispiele.) Im Grunde wollen wohl alle Menschen, daß es gut wird, daß Menschen und Völker sich nicht mehr streiten, es keine Kriege mehr gibt und niemand mehr hungern muß.
Aber nicht erst heute warten die Menschen darauf. Schon damals, ganz früher, bevor Jesus lebte, war das so. Die Menschen haben sich ganz genau vorgestellt, wie schön es sein würde, wenn alle Menschen sich vertrügen, wenn keiner mehr dem anderen Vorschriften machte und niemand mehr vor Hunger sterben müßte. Ja, sie haben sich gedacht, daß dann nicht einmal die Tiere mehr sich gegenseitig fressen würden, daß sie keine Angst mehr voreinander zu haben brauchten.
So haben sie sich das vorgestellt:
Der Wolf und die kleinen Lämmer werden zusammen wohnen. Auch der Panther wird sich mit den Schafen vertragen. Und ein kleiner Junge kann Kälber und junge Löwen zusammen hüten. Kühe und Bären werden zusammen weiden, und Löwen werden Stroh fressen wie die Rinder (anstatt andere Tiere zu reißen). Und ein Baby kann ohne Gefahr neben der giftigen Schlange spielen. Niemand hat mehr Angst, und alle leben friedlich zusammen (Nach Jesaja 11 ff.). Wie ist das denn heute bei diesen Tieren? Vertragen sich Wölfe und Schafe oder Löwen und Kälber? – Auch viele Menschen vertragen sich nicht, aber alle warten auf diese friedliche Welt – ganz früher und heute auch noch. Wir wollen diese friedliche Welt einmal aus Knetmasse kneten. Jeder kann ein Tier oder auch einen Menschen kneten, und dann stellen wir sie alle zusammen auf eine Platte, weil sie sich ja alle vertragen.

5. Schritt: Die Kinder erfahren, daß wir seit Jesus wirklich Grund haben, auf eine friedliche Welt zu warten und uns für sie einzusetzen.
Die Erzieherin zeigt den Kindern die Platte mit den Figuren: »Erinnert ihr euch noch, was das bedeuten sollte?« Auf so eine Welt warteten die Leute früher. Und dann kam Jesus auf die Welt. Und als er groß war, da ist er durch die Städte und Dörfer gegangen und hat zu den Leuten gesagt: Diese friedliche Welt, auf die ihr wartet, die fängt jetzt schon an. Bald, bald wird sie sich durchsetzen. Dafür garantiere ich. Nur: Ihr sollt nicht still dasitzen und Daumen drehen. So zu warten ist nicht richtig. Sondern: Wer etwas Frohes erwartet, der hat doch eigentlich ganz viel zu tun. Der muß Vorbereitungen treffen. Wer diese friedliche Welt sehr bald erwartet, der muß einfach den Leuten davon erzählen, der muß schon jetzt lieb zu anderen Leuten sein, der wird dem, der Hunger hat, zu essen geben, dem, der friert, etwas anziehen, den Traurigen zu trösten versuchen und niemandem Vorschriften machen.
Und wenn ihr so lebt, dann werdet ihr merken: Dann ist das, worauf ihr wartet,

schon ein wenig da, dann gehört die Wartezeit schon zu der friedlichen Welt dazu, auf die ihr wartet – ebenso wie das beim Geburtstag ist.
So hat Jesus damals gesagt. Und viele haben das geglaubt und versucht, und bis heute glauben wir den Worten Jesu und versuchen, so zu warten, wie er es wollte.
Und jedesmal, wenn wir Weihnachten feiern, denken wir daran, wie Jesus versprochen hat:
Einmal wird es allen Menschen besser gehen,
einmal werden sie sich alle vertragen,
einmal werden sich alle helfen,
und niemand wird mehr Hunger haben.
Und wir denken daran, daß wir in der Zeit des Wartens schon ein wenig damit anfangen können.
Denn wer Frohes erwartet, hat sehr viel zu tun! Denkt an euren Geburtstag oder an das Weihnachtsfest.

Christina Jähn-Hoffmann und Hannchen Krüss

Anlage

Nebel

Anne, Johannes und Christoph wohnen in einem neuen Haus weit draußen vor der Stadt, wo schon die Felder und Wiesen anfangen. Unten im Haus wohnen die Großeltern.
Heute ist Sonntag. Vater und Mutter sind mit dem Auto weggefahren. »Zum Abendessen sind wir wieder zu Hause«, hat die Mutter gesagt. Aber es ist sechs Uhr und sieben Uhr und fast acht Uhr geworden, und die Eltern sind noch nicht zurückgekommen. Die Kinder haben bei den Großeltern zu Abend gegessen. Jetzt sollen sie schlafen gehen. Die Großmutter geht mit den Kindern nach oben. Sie hilft Christoph beim Ausziehen und Waschen. Er ist erst vier Jahre alt.
»Ich bleibe wach, bis Vater und Mutter kommen«, sagt er.
Die Großmutter macht das Licht aus. Die Kinder hören, wie sie unten im Flur zum Großvater sagt: »Ich mache mir Sorgen.« Was der Großvater antwortet, können sie nicht verstehen.
Anne sagt: »Wenn es neblig ist, gibt es viele Autounfälle.«
»Aber Vater kann doch gut fahren. Er ist vorsichtig«, sagt Johannes.
Eine Zeitlang sitzen sie still. Dann setzt Christoph sich in seinem Gitterbett auf.
»Ich habe Angst!« sagt er.

»Ich auch!« flüstert Anne. »Sie haben doch sonst immer angerufen, wenn sie später gekommen sind.«
»Sie fahren auf der Autobahn«, sagt Johannes. »Wenn sie in einer Autoschlange sind, können sie nicht anhalten und telefonieren.«
Wieder sind sie still. Dann steigt Johannes aus dem Bett und geht ans Fenster.
»Kann man die Lichter von den anderen Häusern sehen? Von der Gärtnerei?« fragt Anne.
»Nein«, sagt Johannes. Er kann noch nicht einmal die Bäume auf der anderen Straßenseite erkennen.
»Vielleicht können die Eltern unser Haus gar nicht finden, und dann fahren sie vorbei!« sagt Christoph. »Ich will nach draußen gehen und winken.« Er klettert schon aus dem Bett.
»Unsinn«, sagt Johannes. »Wir wissen doch gar nicht, wann sie kommen.«
»Aber sie müssen doch bald kommen!« sagt Anne. »Und das Stoffelchen hat recht. Ich kann jetzt einfach nicht mehr im Bett bleiben und warten. Davon wird die Angst nur schlimmer.«
»Also gut«, sagt Johannes. »Ich komme mit.«
Die beiden Großen helfen Christoph beim Anziehen, und dann schleichen sie die Treppe hinunter. Leise schließt Johannes die Haustür auf. Er leuchtet mit seiner Taschenlampe in den Nebel. Keine zehn Schritte weit können sie sehen. Das Licht spiegelt sich auf der Straße.
»Glatteis!« ruft Anne.
»Sei still«, sagt Johannes. Sie gehen die Straße hinunter.
»Licht aus!« flüstert Anne und hält Johannes fest. »Da ist jemand!« Aber es sind nur die Heckensträucher von der Gärtnerei.
»Ich habe Angst«, sagt Anne. »Ich möchte wieder nach Hause gehen.«
»Ich nicht!« ruft Christoph. »Paß auf! Jetzt mache ich den Nebel kaputt!«
Er rudert mit den Armen und boxt mit beiden Fäusten in die Luft. Aber der Nebel bleibt. Dicht und weiß schließt er die Kinder ein.
»Sie kommen!« ruft Johannes. »Hört ihr? Das ist unser Auto. Sie kommen! Aber ich mache das Licht aus, damit Vater nicht erschrickt. Er darf doch nicht bremsen, weil es so glatt ist!«
Ganz plötzlich sind zwei Scheinwerfer vor ihnen – und schon an ihnen vorbei. Sie lachen und laufen hinterher. Der Vater fährt so langsam, daß sie fast mit dem Auto zugleich am Haus sind.
Gerade kommt Großvater an die Tür. »Gut, daß ihr da seid«, sagt er. »Wir haben uns Sorgen gemacht. Aber die Kinder schlafen schon lange.«
Da kommen die drei aus dem Nebel und rufen: »Da sind wir!«

Ursula Wölfel

Neunhundert Minuten vor Geburtstag und die Geschichte von einem dummen Mann

Am letzten Tag vor dem Geburtstag war Tim ganz durcheinander vor Aufregung. In der Schule konnte er unmöglich aufmerksam sein. Er wartete immer nur auf das Schellen. Dann war wenigstens wieder eine Stunde herum. Beim Lesen wußte er nicht, wo er das Buch aufschlagen mußte. Beim Rechnen sagte er: »Elf weniger zwei ist sieben!« Und als der Lehrer fragte, in welchem Monat Weihnachten ist, rief Tim: »Morgen!«

Als er nach Hause kam, sollte er einkaufen gehen. Die Mutter gab ihm einen Zettel. Darauf stand:

1 Paket Salz
6 Eier
1 Pfund Reis
2 Zitronen

»Ich brauche keinen Zettel«, sagte Tim. »Ich bin doch schon fast sieben Jahre alt. Es genügt, wenn ich mir die Anfangsbuchstaben merke. Salz, Eier, Reis, Zitronen – wenn ich das zusammen lese, heißt es SERZ.«

Er ließ den Zettel auf dem Schrank liegen und ging in den Laden. Aber unterwegs mußte er wieder so viel an den Geburtstag denken, daß er alles vergaß. Nur, daß die Anfangsbuchstaben S-E-R-Z hießen, das wußte er noch. Er schaute sich die Waren im Laden an. Vielleicht würde ihm dann alles wieder einfallen? Und schließlich kaufte er Seife, Eier, Rosinen und Zigarren.

Die Mutter lachte sehr, als er das nach Hause brachte.

»Nun muß ich Seifensuppe kochen und Rosinen hineintun!« rief sie.

»Aber die Eier waren richtig!« sagte Tim. »Das habe ich noch ganz genau gewußt!«

Der Vater lachte auch. Er freute sich über die Zigarren.

Nachmittags schlossen sich die Eltern in der Werkstatt ein. Der Schusterhammer pochte, die Nähmaschine ratterte, der Vater pfiff, und die Mutter sang. Aber Tim durfte nicht zu ihnen hinein.

»Geh spielen!« riefen sie durch die Tür.

Aber Tim mochte nicht spielen. Er mochte auch nicht Aufgaben machen. Gar nichts mochte er. Alle Augenblicke klopfte er an die Werkstattür und fragte: »Wieviel Uhr ist es jetzt?«

Dann rief der Vater: »Jetzt ist es neunhundert Minuten vor Geburtstag!« Oder: »In vier Minuten ist es sechzehn Stunden vor morgen früh!« Oder: »Gleich ist es sieben Jahre weniger einen halben Tag!«

Abends konnte Tim nicht einschlafen. Die Mutter brachte ihm Zuckerwasser. Aber das half auch nicht. Sie rief den Vater. Der setzte sich auf Tims Bett und erzählte:

»Es war einmal ein Mann, dem dauerte es immer zu lange von einem Geburtstag bis zum anderen. Er war sehr reich. Deshalb sagte er zu seiner Frau: ›Von morgen an habe ich jeden Tag Geburtstag. Morgen, übermorgen und über-

übermorgen, das ganze Jahr. Du mußt mir jeden Tag einen Geburtstagskuchen mit Kerzen auf den Tisch stellen. Und Geschenke will ich natürlich auch haben.‹ So gab es nun jeden Tag Kuchen und Geschenke für ihn. Jeden Morgen kamen seine Frau und seine Kinder und wünschten ihm viel Glück. Viele Monate lang taten sie das. Zuerst gefiel das dem Mann sehr gut. Aber allmählich wurde es ihm langweilig. Und eines Tages rief er: ›Zum Donnerwetter! Wann habe ich endlich richtig Geburtstag?‹ – ›Der richtige Geburtstag war vor einer Woche‹, sagte seine Frau. ›Du hast nur nichts davon gemerkt, weil wir jetzt jeden Tag Geburtstag feiern.‹ Da merkte der Mann endlich, wie dumm er gewesen war. Von nun an wollte er nur noch einmal im Jahr Geburtstag haben, wie alle Leute.«
»Der arme Mann«, sagte Timm. »Der mußte noch fast ein ganzes Jahr warten. Ich brauche nur noch eine Nacht zu schlafen. Aber ich glaube, ich werde bis morgen früh wach bleiben.«
Da kam die Mutter wieder. Sie sang ihm Schlaflieder, wie damals, als er noch ein ganz kleiner Junge gewesen war. Und als sie fünf Lieder gesungen hatte, schlief Tim endlich ein.

Ursula Wölfel

Modell 16

Zur Geburt eines Kindes – was man wünscht, was man denkt, was man schenkt

Ein Rissener Modell zur religiösen Erziehung

Pädagogisch-theologisches Lernziel

In dieser Spiel- und Lerneinheit soll Vorschulkindern deutlich werden, wie groß die Vorfreude und Fürsorge ist, wenn Eltern sich ein Kind wünschen, wie Verwandte und Freunde Anteil nehmen und jeder dem Kind Gutes wünscht.
Es soll aber auch entfaltet werden, daß manches bei der Geburt Jesu wohl ganz anders gewesen ist. Bei der Vermittlung von Teilelementen der Simeon-Geschichte sollten die Kinder staunen, daß Jesus ein schwerer Weg vorhergesagt ist. Sein Auftrag wird ihm Freunde, aber auch viele Feinde bringen; doch die Sache Gottes wird wachsen und zum Ziel kommen.
Nach dem Prinzip der »Phantasiearbeit« an biblischen Texten (vgl. die Erzähltheorie W. Neidharts; siehe Anmerkung) soll versucht werden, sich in die Eltern Jesu hineinzudenken, die bei aller Freude über Jesu Geburt dann auch um ihn gebangt haben müssen.

Begründung des obengenannten Lernzieles

Der Zug zur Kleinstfamilie und zu sinkenden Geburtsraten vermindert für viele Kinder die Erfahrensmöglichkeiten, eine Geschwistergeburt bewußt mitzuerleben. Hier entsteht leicht ein vor allem emotionales Defizit, dem entgegenzuarbeiten ist. Mit Einfühlungsphantasie können Kinder sensibilisiert werden, sich in Freude und Fürsorge der Eltern hineinzuspüren. Am Beispiel der biblischen Weihnachtszeugnisse kann sich ihre Einfühlungsphantasie dann staunend ein Stück weiterentfalten, denn der Lebensweg Jesu ist nicht nur etwa hell und friedlich.
Anmerkung: W. Neidhart und H. Eggenberger haben in ihrem kürzlich erschienenen »Erzählbuch zur Bibel« (Verlage Kaufmann/Benziger und TVZ)

aus ihrer langjährigen theoretischen und praktischen Arbeit das phantasievolle Sichhineinspielen und -hineinspüren in das Evangelium, wie es in »was + wie?« wiederholt schon modellhaft dargestellt worden ist, in einer detaillierten Erzähltheorie und in vielen Beispielen für den Umgang mit biblischen Geschichten vor Kindern nachdrücklichst empfohlen. Im Gegensatz zu älteren Praktiken, die aus der Tatsache, daß biblische Erzähler für ihre damaligen Hörer und immer für Erwachsene das Evangelium bezeugen, nie wirkliche Konsequenzen gezogen haben, prägen Neidhart und Eggenberger nur den Begriff der »Phantasiearbeit« vor dem biblischen Text (in den Rissener Modellen nannten wir das bisher »gehorsame Phantasie«). Den biblischen Text halten sie in der überlieferten Gestalt für weitgehend ungeeignet. Aber er kann die Phantasie des erwachsenen Nacherzählers stimulieren, der dann wiederum die Aufgabe hat, die Einfühlungsphantasie seiner kindlichen Hörer anzuregen. Statt früher geübter Textnähe oder sogar strenger Texttreue wird jetzt ein schöpferischer Darbietungsvorgang empfohlen. Auch das Spielen mit Geschichten bzw. Teilelementen der Geschichten wird als die ernstzunehmende Möglichkeit des Kindes erkannt und gefordert. Wer für Kinder erzählt, hat die Aufgabe, ihre Phantasie für das Evangelium zu erregen, »seine Phantasiearbeit ist überhaupt nicht für die wissenschaftliche Diskussion bestimmt, sondern für das gedankliche Spiel seiner Hörer« (Erzählbuch zur Bibel, S. 38).

Materialien

»Rissener Nagelbretter« und farbige Dekorationskordeln (zur Herstellung und zum Umgang mit den Brettern siehe Baustein 6, ferner Orffsche Instrumente und großflächiges Zeichenpapier, Fingerfarben oder Wachsmalkreide.

Baustein 1

Wir suchen situative Einstiegsmöglichkeiten:

a) vielleicht bringt eine Mutter ein Kind zum Kindergarten, und die Kinder der Gruppe sehen, daß sie schwanger ist;
b) vielleicht erzählt ein Kind, daß ein Baby in der Familie erwartet wird;
c) in Zeitschriften oder Illustrierten wird das Bild einer Schwangeren entdeckt.

In jedem Fall sollte dann nach einer Gesprächs- und Informationsphase die Phantasie der Kinder durch eine spielerisch-gestalterische Aufgabe angeregt und weiter in die Thematik »Wenn ein Kind erwartet wird« eingeführt werden. Wir malen oder kneten, was für ein Baby benötigt wird. Aus Zeitschriften schneiden wir Bilder von Babys und ihrer Pflege aus. In mimisch-pantomimischem Spiel können Wickel-, Bade- oder Spazierfahrtszenen entstehen.

Baustein 2

Es werden Glückwunschkarten entworfen, gemalt, geklebt. Gute Wünsche für das Kind werden zusammengetragen. Die Kinder wünschen, daß es gesund ist, bald wächst, die Eltern gesund und beieinander bleiben, daß es Freunde und Spielkameraden findet etc. etc. Wir sprechen über passende Geschenke. Aber im Zusammenhang mit den guten Wünschen kommen schon Gefahren ins Gespräch: Krankheit, Unfall (es kann vom Wickeltisch fallen o.ä.).

Baustein 3

Wegen der Infektionsgefahr wird es wohl nicht möglich sein, daß alle Kinder der Gruppe ein wenige Tage altes Baby aus nächster Nähe ansehen können. Neben Fotos kann hier aber »ausgewichen« werden auf ein einige Monate altes Baby. Kinder, die daheim noch ein kleines Geschwisterchen haben, können natürlich wieder am besten berichten (sie haben Erfahrungsvorsprung). Dabei dürfte herauskommen, wie behutsam-zart und sorgfältig mit einem Neugeborenen oder Kleinstkind umgegangen werden muß und wie durchaus mancherlei Gefahren bestehen.

Baustein 4

In den Tagen vor Weihnachten hören die Kinder in einer hoffentlich natürlichen Erzählsituation (vielleicht auch anhand einer guten Bilddarstellung) von Maria, die ihr erstes Kind erwartete. In wenigen Tagen sollte es zur Welt kommen. Aber wegen der Volkszählung (jeder sollte sich zur Volkszählung in seinem Heimatort einschreiben) mußten Maria und Joseph gerade in diesen Tagen – noch vor der Geburt – eine weite Reise antreten (Lukas 2, 1–5). Die Erzählung kann mit der Idee eines »Adventskalenders« verbunden werden, den man auf einer großen Fensterbank selbst gestaltet. Maria, Joseph und der Esel werden geknetet, kleine helle Steine (24!) dienen als Wegsteine. Jeden Tag rückt man Maria und Joseph etwas näher an den Ort Bethlehem heran, der von Kindern ebenso selbst gebastelt werden kann wie die Andeutung einer Landschaft mit Herden und Hirten.

Baustein 5

Als Phantasiespiel bietet sich nun an, daß das Geschehen unterwegs rollenmäßig dargestellt wird: Maria ist müde, sie redet mit Joseph. Sie macht sich Sorgen, wo sie übernachten können. Bald muß es soweit sein, daß das Kind geboren wird. Das Nötigste (Windeln usw.) haben sie in ihrem kleinen Reisegepäck. Joseph will ein Nachtquartier suchen usw.
Während des kleinen Rollenspiels imitieren andere Kinder die Schritte des Esels, der Maria trägt, auf Schlaginstrumenten, Kokusschalen o.ä. Wenn der Esel mit den beiden in der Ferne verschwindet, werden auch die »Schritte« des Esels leiser.

Baustein 6

Zur Erzählung der Ankunft in Bethlehem und den Umständen der Geburt (Lukas 2, 6 ff.) entstehen Nagelbrettbilder vom Stall, der Krippe, dem Kind, den Eltern, Tieren etc.
Zwei bis drei Bretter (ca. 100 × 70 cm) werden dunkel gestrichen und mit jeweils 200 Nägeln versehen, die man in Abständen von 0,8 cm reihenweise versetzt einschlägt. Die Nägel müssen zum Befestigen der unterschiedlich lang zu schneidenden, farbigen Kordeln etwa einen Zentimeter aus dem Brett herausstehen. Die Kordeln müssen beim Schneiden in Längen von 20, 30, 50 und 80 cm an den Enden mit Tesafilm verklebt werden, damit sie nicht aufdrehen.
Während einige Kinder an den gut sichtbar hochkant aufgestellten Nagelbrettern Szenenbilder aus Bethlehem legen, können andere Kinder das Geschehen in Lied und Musik schildern. (Diese Stegreifbilder eignen sich auch für Weihnachtsfeiern mit Eltern. Jeder sieht bei ihrer Entstehung zu oder singt und musiziert derweil.)

Baustein 7

Die nachfolgenden Szenen (nach Lukas 2 und Matthäus 2) könnten an den folgenden Tagen entstehen bzw. großflächig gemalt werden. Die Kinder werden vieles selbst zusammentragen: daß nun Hirten kommen, daß ein Stern über dem Stall steht, daß Weise aus fernem Land kommen. Alle wollen das Kind sehen, freuen sich mit und bringen Gaben.
Als Phantasie-Impulse eignen sich nun Überlegungen wie: Ob Maria sich nicht wundert über alles, was geschieht? Ob sie mit Joseph darüber redet? – Sicher freuen sich beide über das Kind, aber nun steht der lange Weg zurück bevor. (Einige Kinder werden auch schon von den drohenden Gefahren zu erzählen wissen, daß Herodes das Kind sucht, denn er will der mächtigste Mann sein. Gott aber fügt es so, daß Joseph und Maria mit dem Kind entkommen.)
Das Lied »Kommt, wir gehn nach Bethlehem ...« schildert plastisch das biblische Geschehen und kann vor den Nagelbrettbildern musiziert werden.

1. Kommt, wir gehn nach Bethlehem
didel dudel dei
Jesulein, Herre mein
wiegen woll'n wir dich ganz fein.

2. Sterne leuchten in der Nacht,
didel ...
überm Stall hell und klar
strahlt ein Stern ganz wunderbar.
3. Männer in dem fernen Land,
didel ...
sehn den Stern bei Nacht und Tag,
was das wohl bedeuten mag?
4. Ein König muß geboren sein!
Didel ...
kommt, wir gehn, laßt alles stehn,
wir reisen nach Jerusalem.
5. In das Königsschloß sie gehn,
didel ...
ein Kindlein klein, zart und rein
muß doch hier geboren sein.
6. In dem Schloß erschrak man sehr,
didel ...
Nein, nein, nein, das kann nicht sein,
Herodes allein will König sein.
7. Kluge Männer, kommt herbei!
Didel ...
forschet schnell und sagt mir frei,
wo der neue König sei.
8. Alle forschen in der Schrift,
didel ...
wo das Kind geboren ist.
In Bethlehem, daß ihr es wißt.
9. Und der Stern führt sie zum Stall,
didel ...
bringen ihre Schätze all,
Gold, Weihrauch und Myrrh' es sei.
10. Beugen vor dem Kindlein sich,
didel ...
beten an den Herren Christ,
der ihr König geworden ist.
11. Zogen fröhlich nun nach Haus,
didel ...
kehrten nicht beim König ein,
zu erzähl'n vom Kindelein.
12. Gott hat alles wohlgemacht,

didel ...
führt die Eltern und das Kind,
daß Herodes sie nicht find't.

Baustein 8

Teilelemente aus Lukas 26 (Verse 21–35) sollten nun als Phantasie-Impulse gegeben werden. Lukas erzählt von jenem alten Mann, der Gott vertraute und wartete, daß endlich der in den Schriften verheißene Erlöser geboren würde. Als etwa nach einem Monat Joseph und Maria das Kind der jüdischen Sitte gemäß in den Tempel bringen, kommt es zur Begegnung mit dem greisen Simeon. Glücklich nimmt der alte Mann das Kind auf die Arme. Was Gott versprochen hat, ist erfüllt. Er ist gewiß: Dies Kind bringt Gottes Frieden. Er legt seine Hand auf den Kopf des Kindes, segnet es und lobt Gott. Zu den Eltern, die das alles mit großer innerer Bewegung erleben, spricht er dann von dem Weg Jesu: Die Feinde Gottes werden seine Feinde sein; für viele aber wird er Frieden und Freude bringen. Er wird zeigen, daß Gott Liebe will und Frieden. Aber obwohl er so vielen Gutes tun wird, werden seine Feinde ihn umbringen. Doch Gottes Sache kommt zum Ziel. Jesus bringt Hoffnung für alle Menschen.
Diese komprimierte Inhaltsskizze darf nicht mit einem Erzählvorschlag verwechselt werden. Die Erzieherin tut gut, »im Augenkontakt mit den Kindern« in knappen Hauptsätzen, dem jeweiligen Verständnis und Vokabular der Kinder entsprechend, das erstaunliche Geschehen zu entfalten. (Auf keinen Fall soll jedes theologische Detail des Lukas erwähnt werden. Vieles darf bei der Erstbegegnung mit dieser Geschichte getrost weggelassen und auf später vertagt werden. Wo immer die Möglichkeit dazu besteht, sollte das Mitarbeiterteam des Kindergartens einen theologischen Fachmann – vielleicht den Gemeindepastor – um eine exegetische Einführung in Lukas 2, 21–35 bitten. Welche Teilelemente dann den Kindern erzählt werden, kann unter pädagogischem Aspekt überlegt werden. Wo keine theologisch-pädagogische Kooperation möglich ist, gibt dieses Modell wenigstens Grobinformationen.)

Baustein 9

Nun kommt wieder viel Eigenphantasie der Kinder ins Spiel. Was Maria und Joseph nun gedacht und gesagt haben? Waren sie bang? Alle Eltern der Welt wollen doch nur das Beste für ihre Kinder und wünschen ihnen keine Feinde. Simeon aber hatte den schweren Weg Jesu vorhergesagt.
Wahrscheinlich wollen die Kinder nun noch ein Nagelbrettbild legen mit dem alten Simeon, der sich freut, daß er es noch erlebt, Jesus zu treffen.

Wolfgang Longardt

Modell 17

Kommt, wir feiern ein Jesus-Fest!

Eine weihnachtliche Spieleinheit für eine Vorschulkindergruppe unter Benutzung von Stabhandpuppen.

Begründung der Thematik

Die Jesus-Vorstellungen vieler Kinder bleiben bei allzu niedlichen Christkind- und Krippenvorstellungen stecken.
Der Mann Jesus, der mit dem ganzen Einsatz seiner Person, wortwörtlich mit letzter Hingabe etwas Neues in die Welt gebracht hat, wird zu Weihnachten durch eine Fülle von Geburtsbildern, Krippenliedern und allzu gewichtigen Interpretationen von Lukas 2 beiseite gedrückt. Ein Fest für den Mann Jesus, ohne den die Welt entsetzlich arm wäre, ein Fest für IHN, der die »gute Nachricht Gottes« uns in Wort und Tat nahegebracht hat, kann Kindern helfen zu begreifen, warum sich Christen über Jesus freuen, ihm Lichter anzünden und anfangen zu feiern.

Theologisch-pädagogische Zielvorstellungen

Ausgehend von ihren kindlichen Erfahrungen im Feiern von Festen sollen Fünf- bis Siebenjährige in diesem Spiel- und Lernmodell auf die Frage nach dem Warum eines Christfestes Antworten erfahren. Biblische Inhalte (Taten Jesu, Begegnungsgeschichten, erste Gleichniserzählungen), die der Kindergruppe im Laufe des Jahres in Wort, Lied, Bild und Spiel entfaltet wurden, sollen nun zu einem Gesamtbild vom Mann Jesus zusammengefügt werden, über dessen Kommen in die Welt wir uns freuen.
Anhand eines liturgischen Spielliedes wird in Bewegung von kleinen, selbstgebastelten Stabpuppen das Befreiend-Neue, das Jesus in die Welt gebracht hat, dargestellt. Die Kinder sollen erfahren, daß »Jesus feiern« heißt: ihm danken, ihn besingen und ihn ein Stück nachahmen.

Gruppensituation bei der ersten Modellerprobung

Die Kinder sind fünf, sechs (und sechseinhalb) Jahre alt. Sie haben einige biblische Kerngeschichten erfahren, ersungen und erspielt: Jesu Geschichte vom Mann, der verletzt am Weg lag (Lukas 10) – Jesu Geschichte vom Mann, auf den alle lange Zeit mit Fingern zeigten (Lukas 19) – Jesu Geschichte vom Sohn, dem alles verziehen wurde (Lukas 15) – und Jesu Geschichte von Bartimäus, der ein ganz neues Leben anfangen konnte (Markus 10).

Benötigte Materialien

Styropor-Kugeln, Garnrollen, Flaschenkorken, 12–15 cm lange Rundstäbe, Klebstoff, Stoffreste, eventuell Krepp;
ferner weihnachtliche Schmuckelemente aus Stroh, Tanne, Folien, Kerzen usw.; einige Orff'sche Instrumente;
ein liturgisches Spiellied mit rhythmisch gesprochenen Kurzstrophen und dem gesungenen Refrain:
Das wissen wir von IHM,
das wissen wir von IHM!
Kommt, an Jesus wollen wir uns freu'n,
kommt, dann wird es richtig Weihnacht sein!
(Siehe Baustein H.)

Arbeitformen

Spontanes Ausnutzen des Materialanreizes von Styropor-Kugeln, Garnrollen, Rundstäben usw. zum Figurenbau;
dialogisches Stegreifspiel mit halbfertigen Stabfiguren;
Erfinden von Bewegungsformen für die Stabpuppen (mit und ohne Musik);
Erspielen des Jesus-Liedes mit Figurengestaltung; Gruppengespräch.

Verlaufskizze

Baustein A

Die Erzieherin breitet wortlos das Material zum Figurenbau vor den Kindern aus (in den Styropor-Kugeln müssen allerdings bereits Löcher zum Einführen der Rundstäbe vorgebohrt sein).
Die Kinder entdecken, welche Möglichkeiten in den Materialien stecken: Ein in die Styropor-Kugel gesteckter Rundstab ergibt die Grundgestalt: Kopf + Körper. Steckt man den Rundstab in eine Garnrolle, ergibt sich die gleiche Grundstruktur; etwas Stoff – vielleicht in Dreiecksform, in der Mitte mit einem Loch zum Durchstecken des Stabes versehen (siehe Abb. auf den Seiten 138 und 139) – läßt schon die Vorstellung einer bekleideten Puppe entstehen.
Ab und an gibt die Erzieherin kleine Impulse; sie »spielt« selbst mit, experimentiert. Ein Falsch und Richtig gibt es nicht.

Baustein B

Bereits mit den halbfertigen Figuren beginnen die Kinder zu agieren (die Figuren begrüßen sich – man redet sich an: »Guten Tag, kennen Sie mich nicht?« – usw.) Einige halbfertige Figuren werden von den Kindern so geführt, als tanzten sie einen Reigen, andere gehen spazieren oder legen sich wieder auf den Boden, um ein besseres Kleid zu erhalten usw.

Baustein C

Nachdem immer mehr Figuren ihrer Fertigstellung entgegengehen (manche haben schon Augen, Mund und Haare erhalten, andere ein zweites Loch in Stoffrestgewand, durch das Finger als Figurenhand oder Arm agieren können), gibt die Erzieherin mit ihrer Figur einen neuen Spielimpuls:
»Kommt, wir feiern ein Fest! Kommt, wir feiern ein Fest!«
Sie bewegt sich mit ihrer Figur zu anderen Kindern, spricht deren Stabpuppen an: »Kommt, wir feiern ein Fest!«
Die Kinder antworten: »Ja, prima, wir feiern ein Fest, ein Fest!« Einer sagt es dem anderen weiter.
Jemand wirft ein: »Ein Fest, warum?« – »Hat jemand Geburtstag?« – »Ist irgendwo Hochzeit?« (Ein Phantasiedialog entsteht, während andere Kinder mit ihren Puppen die Festankündigung weitersagen.)
Durch einen Trommelrhythmus (auf einer Büchse oder dem Papierkorb) kann die Einladung weiter gesteigert und akzentuiert werden:

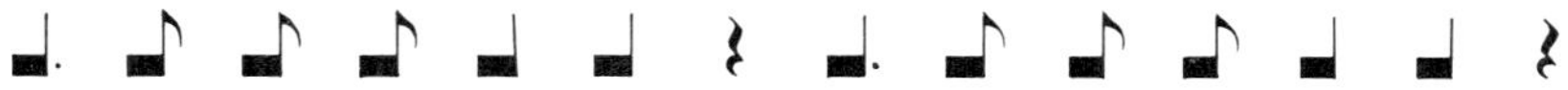

Kommt ! Wir feiern ein Fest ! Kommt ! Wir feiern ein Fest !

Die Kinder führen ihre Puppen heran. Zum Sprechrhythmus läßt man die Figuren schwingen und hüpfen wie zu einem kleinen Freudentanz. Dann aber wird entdeckt, daß viele nicht festlich genug gekleidet sind; manche Kinder haben sich längere Zeit auch nur mit der Gestaltung eines Kopfes beschäftigt (sehr sorgfältig Augen und Mund aufgemalt, Haare und einen Hut aus Kork aufgeklebt, aber der Körper der Puppe besteht immer noch nur aus dem Rundholz). Man hilft einander oder verändert und verbessert sein Figurengewand. Gegen Ende dieser kleinen zweiten Bastelrunde entsteht ein Gespräch:
Was soll das für ein Fest werden? – Manche Kinder sagen: »Einfach ein Fest zum Freuen!«; – andere sagen, daß man einen Grund haben müßte zum Feiern. Sie tragen sehr verschiedene »Gründe« zusammen: Hochzeit, Geburtstag, Richtfest, Laternenfest. Manche umschreiben Situationen: »... weil einer gewonnen hat (beim Schießen!)« – »... weil einer wieder da ist, der lange weg war!« – »... weil einer Zwillinge gekriegt hat!« – »... weil Krieg vorbei ist!« – »... weil einer wieder gesund ist!«.

Styroporkugel
Rundstab
durchgesteckte Finger
Stabpuppe
Kleid

Mehrere Kinder betonen: »Das Fest soll sein, damit sich viele mitfreuen.« Andere sagen: »Aber die Hauptperson vom Fest soll sich am meisten freuen; die soll auch Geschenke kriegen!« –
Da für diesen Vormittag die Zeit zu Ende geht, beschließt man, am folgenden Tag weiter darüber zu reden, wie nun eigentlich gefeiert wird. Noch einmal bewegen die Kinder ihre Puppen zum rhythmisierten Ruf: »Kommt, wir feiern ein Fest! Kommt, wir feiern ein Fest!«

Baustein D

Am anderen Tag beginnen einige Kinder von sich aus mit weiteren Verbesserungen an ihren Stabfiguren. Sie sollen ein richtiges Festkleid erhalten. Andere bauen sich eine neue Stabpuppe und wollen darauf zum Fest ein fröhliches Gesicht malen.
Auf dem Papierkorb und einer Orff-Trommel schlagen manche Kinder den »Einladungsrhythmus« vom Vortag. Mit einer Zimbel und einigen Klangstäben entsteht – vom Sprachrhythmus geprägt – eine kleine Festmusik.

Baustein E

In einer Gesprächsrunde überlegen die Kinder zusammen mit der Erzieherin, was zu einem richtigen Fest nötig ist (die Kinder nennen: Gäste, Musik, Geschenke oder Gewinne, schönes Essen – aber auch viel Schmuck, wie Kerzen und Girlanden).
Da in den ersten Adventstagen bereits allerlei festlicher Schmuck von den Kindern gebastelt ist, kann er jetzt verwendet werden. Natürlich sollen nicht die Kinder, sondern die Stabpuppen den Schmuck zusammentragen. Am Vortag haben einige Kinder schon entdeckt, daß man, wenn man mit der rechten Hand den Stab der Figur hält, zwei Finger der linken Hand durch einen kleinen seitlichen Einschnitt im Gewand stecken kann: Jede Puppe kann also etwas tragen, man kann sich begrüßen usw.
In die Kreismitte wird nun allerlei Festschmuck getragen, auch eine Kerze (in einem festen Ständer!) und kleine Schlaginstrumente fehlen nicht.
Weil an diesem Tag zufällig kein Kind der Gruppe Geburtstag hat, taucht nun wieder die Frage auf, was für ein Fest gefeiert werden soll. Ein Mädchen schlägt vor: »Ein Puppenfest!« – ein anderes meint: »Eine Hochzeit von zweien!« Das findet große Zustimmung der Gruppe.
Man wählt zwei Stabpuppen zum Hochzeitspaar; man schmückt ihren Platz, steckt die Kerze an, singt: »Hoch soll'n sie leben ...«; auch einige, vor zwei Tagen gebackene Plätzchen werden geholt, am Boden wird eine Festtafel gedeckt usw.
Nur selten ist es nötig, daß die Erzieherin einen neuen Spielimpuls gibt. Die Kinder haben genügend Einfälle.

Baustein F

Das Spiel einer Hochzeitsfeier mit Stabhandpuppen hat den Kindern so viel Freude gemacht, daß noch am anderen Tag eine ausreichende Gesprächsmotivation vorhanden ist, über das gespielte Fest und eine Hochzeit in der Gruppe zu reden.
Die Erzieherin stellt heraus, daß im Spiel gestern das Brautpaar im Mittelpunkt stand. Braut und Bräutigam sind Hauptpersonen bei einer Hochzeit. Sie freuen sich wohl am meisten, aber auch andere sollen sich mitfreuen.

Hier erzählt die Erzieherin, daß Jesus übrigens auch oft von einer Hochzeit gesprochen hat.
»War Jesus richtig verheiratet?«, fragt ein Mädchen.
Die Erzieherin verneint und erklärt, daß Jesus gesagt hat: wenn ER zu den Menschen kommt, dann ist das wie eine Hochzeit. So viel Freude soll dann sein. Und aus der Bibel wissen wir, wie Jesus Menschen geholfen hat, daß sie nicht mehr traurig sondern froh sein konnten.
Nun wird den Kindern das Wort »Hoch-Zeit« verdeutlicht: hohe Zeit, keine alltägliche, sondern festliche Zeit. Nicht nur ein bißchen Freude ist gemeint, sondern Hochfreude.
Wir sagen auch in unserer Sprache, daß einer hoch erfreut ist, im Gegensatz zu tieftraurig.
In der Bibel können wir viel erfahren von dieser ganz großen Freude über Jesus Christus.

Alternativvorschlag
Wenn sich aus den Spielen der Kinder ein anderes Fest spontan entwikkelt hat, wie z. B. Geburtstag, Richtfest, Wiedersehensfest o. ä., wird von den Kindern herausgefunden, wer bei dem jeweiligen Fest Mittelpunkt und Hauptperson ist. Mit ihm will man sich freuen und ihm an diesem Tag besonders Freude machen.
Freude gehört zum Fest; aber keine Freude, die allein genossen wird, nein, man will Freude teilen, miteinander froh sein; darum wird ein Fest gefeiert!
Manchmal steht ein Festtag schon auf dem Kalender; oft aber geschieht auch etwas, was so viel Freude auslöst, daß man dieses Ereignis feiert.

Die Erzieherin fragt nach Menschen, die Jesus so froh gemacht hat, daß dieser Tag für sie zu einem unvergeßlichen Fest wurde. Die Kinder nennen Zachäus und spielen mit Stabpuppen eine Kurzfassung der Geschichte (zunächst zeigen viele mit Fingern auf Zachäus, keiner mag ihn; dann besucht ihn Jesus; das wird ein Fest für Zachäus; jetzt fängt ein neues Leben für ihn an).
Anmerkung: Die Kinder drängen darauf, nun mit ihren Stabpuppen nochmals wie am Vortag eine »Tischszene« zu spielen. Am Vortag waren die Brautleute Hauptpersonen; jetzt sind es Jesus und Zachäus.

Baustein G

Auch an die Geschichte von der Heimkehr des verlorenen Sohnes, die mit einem Fest endet, erinnern sich die Kinder.
Mit den Stabpuppen spielen sie ebenfalls eine Kurzfassung der Heimkehr. Der Vater verzeiht, und der Tag wird zum Fest. (Die schlichten Stabpuppen werden jetzt von den Kindern immer besser »beherrscht«. Es gelingt sehr schön, auszudrücken, wie der Vater den Sohn in die Arme nimmt.)
Wieder schmückt man im Spiel einen Tisch (in der Kreismitte ist ein Tuch über zwei Spielkisten gedeckt) und Kerzen müssen darauf brennen.

Baustein H

Weil zur Festfreude natürlich auch das Singen gehört, verlangen die Kinder nach einem passenden Lied. Wie von selbst – und gar nicht unpassend – hatte ein Junge das seit den ersten Adventtagen im Kindergarten häufig gesungene »Es ist für uns eine Zeit angekommen, die bringt uns eine große Freud ...« angestimmt.
Mit einigen Schlaginstrumenten führt die Erzieherin nun ein neues Lied ein, das von der Freude über Jesus Christus handelt: das *»Christfestlied«*.
Der kurze Vorvers wird einfach rhythmisch gesprochen und mit der Trommel begleitet:

Text und Melodie: Wolfgang Longardt

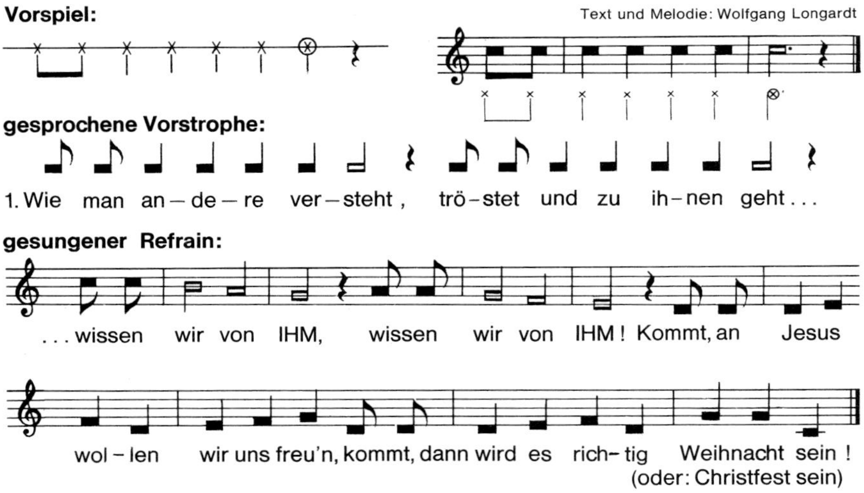

2. Wie man anderen verzeiht,
Frieden schließt nach einem Streit ...
(folgt Refrain: »wissen wir von IHM ...«)
3. Daß Gott jeden von uns liebt,

uns verzeiht und uns vergibt ...
(folgt Refrain: »wissen wir von IHM ...«

Baustein I

Am folgenden Tag erinnern sich die Kinder noch an zwei weitere Geschichten, die während des Jahres erspielt wurden:
Die Bartimäus-Geschichte und die Geschichte vom barmherzigen Samariter. Mit den Stabpuppen spielen sie in knapper Form – fast wortlos – die Bartimäus-Szene und die dreiteilige Straßen-Szene vom Mann, der hilflos am Weg lag (der Esel wurde großzügig weggelassen).
Das Christfest-Lied mit den drei gesprochenen Versen wird noch durch einen vierten Vers ergänzt:
4. Wie man hilft, wo Hilfe not,
wie man Hungernden teilt Brot ...
(folgt Refrain: »wissen wir von IHM ...«)

Baustein J

Damit alles, was die Kinder bisher von Jesus erfahren haben, im Christfest-Lied dargestellt werden kann (und zwar gleichzeitig zur jeweiligen Vorstrophe in Kurzform als stilisierte Szenendarstellung durch die Stabpuppen!), müssen die zweizeiligen Strophen jeweils doppelt gesprochen werden und auch noch durch ein kleines rhythmisches Vorspiel auf dem Anfangston des Refrains ergänzt werden.
Mit großer Freude fügten die Kinder alle Teile zusammen, so daß sich schließlich folgender Ablauf ergab:

A (rhythmisches Vorspiel, Einton-Melodie)

B Strophe 1
(gesprochen zum Trommelrhythmus)
»Wie man andere versteht ...«

C Refrain (gesungen von allen, mit Zimbelbegleitung)
»Wissen wir von IHM,
wissen wir von IHM!
Kommt, an Jesus wollen wir uns freu'n, kommt, dann wird es richtig Weihnacht sein!«

dazu stellen die Kinder mit ihren Stabpuppen zwei Szenen der Zachäusgeschichte dar (siehe Baustein F)

A	(rhythmisches Vorspiel, Einton-Melodie)	dazu stellen die Kinder mit ihren Stabpuppen die Heimkehr des verlorenen Sohnes dar (siehe Baustein G)
B	Strophe 2 (gesprochen zum Trommelrhythmus) »Wie man anderen verzeiht ...«	
C	Refrain (gesungen von allen, mit Zimbelbegleitung) »Wissen wir von IHM ...«	
A	(rhythmisches Vorspiel, Einton-Melodie)	dazu stellen die Kinder keine biblische Geschichte dar, sondern wandern mit ihren Puppen um das in der Kreismitte brennende Licht herum (da jedes Kind dabei mit einer Hand seine Figur trägt und die andere Hand auf die Schulter des vor ihm gehenden Kindes legt, entsteht der Charakter eines liturgischen Reigens)
B	Strophe 3 (gesprochen zum Trommelrhythmus) »Daß Gott uns liebt ...«	
C	Refrain (wie oben)	
A	(rhythmisches Vorspiel, Einton-Melodie)	dazu stellen die Kinder mit ihren Stabpuppen die Samaritergeschichte dar (siehe Baustein I)
B	Strophe 4 (gesprochen zum Trommelrhythmus) »Wie man hilft, wo Hilfe not ...«	
C	Refrain (wie oben)	
A	(rhythmisches Vorspiel, Einton-Melodie)	dazu stellen die Kinder mit ihren Stabpuppen die Bartimäusgeschichte dar (siehe Baustein I)
B	Strophe 1 (gesprochen zum Trommelrhythmus) »Wie man andere versteht ...«	
C	Refrain (wie oben)	

Zur Abrundung der Form folgt nochmals der Teil mit der Strophe 3, »Daß Gott uns liebt ...« und der Reigen der Kinder mit ihren Stabpuppen.
Anmerkung 1: Lied, Szenendarstellungen und Reigen gelangen durch mehrtägiges, von den Kindern gewünschtes Wiederholen so gut, daß das Ganze

im Charakter eines liturgischen Weihnachtsspieles am letzten Tag vor den Kindergartenferien den anderen Gruppen des Kindergartens gezeigt wurde.

Anmerkung 2: Die Kinder kamen in einem der zahlreichen Nachgespräche darauf, daß die »Hauptperson Jesus« bei unserem Christfest aber doch nicht zu sehen sei. Bei einer Hochzeitsfeier oder sonst bei einem Geburtstag sind Brautpaar und Geburtstagskind doch immer dabei. Nun konnte die Erzieherin unter Hinweis auf manches im Kindergarten praktizierte gesungene Gebet (z. B. »ich bin bei euch alle Tage, spricht der Herr ...« oder »Komm', Herr Christ und sei unser Gast ...«) vom großen Versprechen Jesu erzählen, unter uns zu sein, obwohl unsere menschlichen Augen ihn nicht wahrnehmen können; aber manches in der Welt ist da, obwohl wir es nicht sehen können.

Anmerkung 3: Bei der Übertragung dieses Rissener Modells auf andere Gruppensituationen kann sicher auch nur von zwei den Kindern bekannten Geschichten ausgegangen werden; dann entfallen einige Verse, aber die dritte Strophe »Daß Gott uns liebt...« sollte in jedem Fall als eine Art Rahmenelement verwendet werden.

Anmerkung 4: Natürlich ist es auch möglich, auf das Stabpuppenspiel zu verzichten, aber gerade die Chance der Verfremdung, der Distanzierung ermöglicht das Nachdenken »von außen«: Warum wird gefeiert, was gehört zu einem Fest usw. Verzichtet man auf das Puppenspiel in der Kreismitte, wäre auch ein Erinnern an bekannte Geschichten vom Mann Jesus in Form von Bildern aus der Reihe »Was uns die Bibel erzählt« möglich. In jedem Fall aber sollte man versuchen, Szenen aus dem Leben des erwachsenen Jesus deutlich zu machen. Neben manchem fröhlichen Weihnachtslied von Geburt und Kommen Jesu entsteht dann ein der Substanz des Christfestes angemessenes Gleichgewicht, denn Christen feiern zu Weihnachten nicht die Erinnerung an ein nur »holdes, lockiges Kind«, das schnell zu einem harmlos-machtlosen Christkindlein absinkt.

Anmerkung 5: Wer die Thematik der einzelnen Bausteine und Geschichten noch stärker vertiefen und existentiell verdeutlichen will, sei auf folgende Ergänzungen hingewiesen:

1. Zu Baustein C: Siehe: »Welches Fest wird hier gefeiert« (Praxisvorschlag Nr. 11); in: Wolfgang Longardt: Spielbuch Religion. Lahr und Freiburg i. Br.: Verlag Ernst Kaufmann und Christophorus-Verlag 1973.
2. Zu Baustein F: »Wenn einer keinen Freund hat«, detaillierte Spielmaterialien zur Zachäus-Geschichte; in: Katechetische Spielmappe 3.

Lahr und Freiburg i. Br.: Verlag Ernst Kaufmann und Christophorus-Verlag 1973.

Wolfgang Longardt

Modell 18

Alle dürfen zu Jesus kommen

Eine Spiel- und Lerneinheit für die Weihnachts- und Epiphaniaszeit aus fünf Bausteinen

Behandlungs-zeitraum

Die Zeit vor und nach Weihnachten. Wegen der Ansprache der Erinnerung kindlicher Erfahrungen und Erlebnisse wird der Monat Januar besonders empfohlen (Weihnachten ist in frischer Erinnerung).

Materialien

Ein biblisches Bilderbuch bzw. eine Farbdia-Reihe zur Weihnachtsgeschichte nach Lukas 2, ein Sachbilderbuch, ein geistliches Kinderlied, Bilder aus der indianischen und japanischen christlichen Kunst.

Zielsetzungen

Vermittlung einiger Sachkenntnisse aus der sozialen und religiösen Welt Palästinas zur Zeit Jesu, kindgemäße Einführung in die Weihnachtsbotschaft, Teilhabe an weihnachtlicher Freude und Feier, Bekanntschaft mit christlicher Kunst fremder Völker und Versuch einer Deutung vom Thema dieses Modells aus.

Arbeitsweisen

Gespräch, Bilderbetrachtungen, Bastelarbeiten, Singen und Musizieren.

Vorbemerkungen

Die religiöse Aufgeschlossenheit und die nahezu unbegrenzte Vertrauensfähigkeit des Kleinkindes machen die Advents- und Weihnachtszeit für das Kind sowohl zu einer Zeit besonderer Gefährdung als auch zu einer Zeit besonderer Chancen. Einerseits nämlich ist das Kind allerlei törichtem Brauchtum und unverantwortlicher Rede von einer Hinter- und Märchenwelt ausgesetzt

(Christkind und himmlische Geschenkefabrikation), andererseits aber wird es hineingenommen in den Glauben und die Hoffnung der Erwachsenen, es erfährt ein gutes, zur biblischen Weihnachtsbotschaft hinführendes Brauchtum und hört etwas vom wahren Grund weihnachtlicher Freude.
Wir müssen uns klarmachen, daß wir nicht die einzigen sind, die das Kind beeinflussen, und daß wir gar nicht in der Lage sind, ungute Quellen zu verstopfen. Auch dürfte behutsame Aufklärung besser sein als eine Polemik, durch die möglicherweise die Eltern selbst bloßgestellt werden. Unser Beitrag sollte positiver Natur sein, er sollte dem Kinde zu einer Bekanntschaft mit dem Evangelium helfen und zur Erkenntnis dessen beitragen, was für uns heute Grund zur Freude ist. Je deutlicher und überzeugender in der religiösen Erziehung unsere Positionen sind, um so überflüssiger werden alle Negationen.
Das verbreitete Unbehagen gegenüber Weihnachten richtet sich nicht allein gegen unverantwortliche Verfälschungen des Festes, sondern auch gegen das christliche Dogma selbst und gegen gewisse mythologische Einkleidung der biblischen Botschaft. Der dogmatische Gehalt der Weihnachtsgeschichten ist indes nicht wegzuinterpretieren. Diese Erzählungen sind spät konzipiert und setzen den Glauben an den auferstandenen und erhöhten Christus voraus. Die Einzigartigkeit Jesu soll eben auch durch Geschichten von seiner Geburt bezeugt werden. Lassen wir uns von dieser Intention leiten, dann verlieren die Interpretamente an Gewicht. Nicht die Jungfrauengeburt hat Heilsbedeutung! Die Botschaft wird auch nicht dadurch glaubhaft, daß ein Engel sie verkündet! Es geht um die Einzigartigkeit Jesu, in dem Gott zu uns gekommen ist, um uns seine Liebe zu bezeugen. Wenn das so ist, dann werden wir die biblischen Interpretamente nicht überbetonen, aber ihren Gebrauch auch nicht scheuen.
Obschon es sehr schwer ist, wollen wir versuchen, dogmatische Aussagen zu vermeiden. Jesus wird nicht dadurch als Gottes Sohn erkannt, daß wir seine Gottheit sofort fest behaupten. Die Erzählungen der Bibel und auch unsere Glaubenszeugnisse, das Brauchtum eingeschlossen, zeigen dem Kind die Einzigartigkeit Jesu. Dogmatische Formeln müssen auch nicht am Schluß dieses Modells stehen. Sie setzen m. E. reiche Erfahrung mit der neutestamentlichen Botschaft voraus und sind in der Weise, wie die Kirche sie für Erwachsene formuliert hat, dem Kleinkind schwerlich zugänglich. Unser, überall stillschweigend vorausgesetzter, Leitsatz lautet: In Jesus von Nazareth ist Gott selbst uns zugut anwesend.
Die Materialien sind so gewählt, daß ihre Anschaffung nicht nur im Hinblick auf dieses Modell lohnt. Wo Alternativen angeboten werden, wollen sie nicht nur zur Auswahl auffordern, sondern auch zum Einsatz weiterer, vom Benutzer dieser Arbeitshilfe auszuwählender Hilfsmittel anregen.

Übersicht

1. Baustein: Jesus ist geboren.
2. Baustein: Liederarbeitung (1. Teil).
3. Baustein: Die Weisen aus dem Morgenland.
4. Baustein: Liederarbeitung (2. Teil).
5. Baustein: Drei Bildbetrachtungen.
6. Anregungen zur Weiterarbeit.

Denkbar ist auch die Reihenfolge 1, 3, 2, 4, 5. Bild 1 des fünften Bausteins könnte (Problem-)Einstieg zum Ganzen sein.

1. Baustein Jesus ist geboren

Möglicher Ablauf

Wir benutzen das Bilderbuch »Jesus ist geboren« aus der Reihe »Was uns die Bibel erzählt« oder die entsprechenden Farbdias, beides herausgegeben von der Württembergischen Bibelanstalt Stuttgart. Dabei sparen wir die von den Weisen aus dem Morgenland handelnden Bilder zunächst aus.

Die Kinder rekonstruieren mit Hilfe der Bilder die Weihnachtsgeschichte nach Lukas 2. Wir sollten nur dort helfend und korrigierend eingreifen, wo es unbedingt erforderlich ist.

Die Darstellung der Engel mag Anlaß zu Fragen und zur Kritik geben. Dabei dürfen wir auch gegenüber den Kindern eingestehen, daß niemand sichere Auskunft geben kann, und daß auch die Künstler sich jeweils ihre eigenen Vorstellungen über Engel machen. Wir weisen auf den Ausdruck der Freude in den Gesichtern der Engel hin, der auf unseren Bildern wohl das wesentliche Aussagemerkmal ist.

Eine Nachbesinnung befaßt sich mit den Hirten. Ohne unser Gesamtthema auszusprechen, behandeln

Pädagogische Hinweise

Das Thema kann unmittelbar nach den Weihnachtsferien behandelt werden. Dadurch wird eine Vorwegnahme des Festes und seiner Botschaft vermieden. Die von den Kindern mit Hilfe der Bilder zu bewältigende Aufgabe ist die der Analyse und der Wiederholung. Der Erzieher bemüht sich um behutsame Korrektur, um Konzentration und Vertiefung. Da alle Kinder in irgendeiner Weise mit dem Stoff vertraut sind, ist – sofern Langatmigkeit vermieden wird – eine rege Beteiligung gesichert. Vielleicht gelingt es, der Anregung des Bilderbuches folgend, die Gegenwart als Erzählzeit durchzuhalten.

Wer statt des vorgeschlagenen Werkes Reinhard Herrmanns Bilderbuch »Die Weihnachtsgeschichte« aus dem Gütersloher Verlagshaus Gerd Mohn benutzen möchte, ist auch damit gut beraten. Dieses Buch macht ebenfalls klare und konzentrierte Aussagen. Wir sollten mit dem dritten Bild (Josef und Maria auf dem Weg nach Bethlehem) einsetzen. Damit ersparen wir den Kindern die

wir damit die erste Gruppe von Menschen, die zu Jesus kommen durfte. Hervorzuhebende Merkmale: Schwere und gefährliche Arbeit, Armut, keine Möglichkeit, alle damaligen religiösen Pflichten zu erfüllen. Aus dem Sachbilderbuch »Jesus von Nazareth« von Dietrich Steinwede (Kaufmann-Verlag und Patmos-Verlag) kann noch das Bild vom palästinensischen Hirten und seiner Herde (S. 31) gezeigt und besprochen werden.

Zur weiteren Vertiefung könnten wir anregen, daß die Kinder Hirten mit ihrer Herde malen oder kneten. Hier sollte aber kein Zwang ausgeübt, sondern eine Möglichkeit angeboten werden.

schwer verständliche Steuereinschätzung und die im Zusammenhang damit behauptete allgemeine Volkswanderung.

2. Baustein Liederarbeitung (1. Teil), Musik: Heinz Pharrherr

Hört, ihr Leut!
Große Freud:
Jesus ist geboren heut.

Welch ein Klingen!
Engel singen:
Gott hat alle Menschen lieb.
Hört, ihr Leut!
Große Freud:
Jesus ist geboren heut.

Hirten eilen
Ohn' Verweilen
Zu dem Kindelein im Stall.
Hört, ihr Leut!
Große Freud:
Jesus ist geboren heut.

Der Inhalt des Liedes ist durch den ersten Baustein vorbereitet. Text und Melodie sind von vornherein für das Vorschulalter konzipiert, so daß sich kaum didaktische Schwierigkeiten ergeben können. Der Reiz des kleinen Liedes könnte durch den Einsatz Orffscher Instrumente und durch Aufteilung des Textes auf Teilgruppen vermehrt werden.

Refrain

Heinz Pharrherr 1973

Versteile

Reihenfolge: Refrain, Vers 1, Refrain, Vers 2 usw.

Hinweis zum Gebrauch des Orffschen Instrumentariums:

a) Refrain möglichst vielseitig in »rhythmischer Hinsicht« aus der Improvisation »instrumentieren«.

b) Zum Versteil wäre folgende ostinante Form möglich:

Es bleibt der jeweiligen Situation angemessen, ob mit fortschreitendem Text eine »Steigerung« der instrumentalen Möglichkeiten gegeben ist. Vorbild: Das »Zuregistrieren« der Orgel.

3. Baustein Die Weisen aus dem Morgenland

Wir benutzen die letzten vier Bilder des Bilderbuches »Jesus ist geboren« oder die entsprechenden Farbdias. Dadurch wird die Geschichte von den Weisen aus dem Morgenland recht gut auf den für unser Gesamtthema »Alle dürfen zu Jesus kommen« wichtigen Gehalt reduziert.

Reinhard Herrmanns Bilderbuch »Die Weisen aus dem Morgenland« ist für eine Einzelkatechese zum gleichlautenden Thema geeignet, könnte aber für unseren Zusammenhang zu langatmig wirken. Wer sich trotzdem für dieses Buch entschließt, muß sich der Stoffausweitung bewußt sein. Das Gesamtthema sollte

Als Einstieg kann ein Gespräch über die Krippe in der Kirche oder im Elternhaus dienen. Die Kinder berichten von den einzelnen Krippenfiguren und kommen zwangsläufig auf die Weisen aus dem Morgenland. Wenn auf diese Weise das Thema gegeben ist, werden die Kinder die Bilder zu deuten wissen, so daß wir methodisch wie beim ersten Baustein verfahren können.
Über die Art der Geschenke (Gold, Weihrauch, Myrrhe) brauchen wir nur zu sprechen, wenn die Kinder selbst darauf kommen. Das Gold und die schmerzstillende Myrrhe waren gute Gaben für die Flucht nach Ägypten und den längeren Aufenthalt in der Fremde. Der Weihrauch ist eine Gabe, die Göttern und gottheitlichen Personen dargebracht wurde.
In der Nachbesinnung vergleichen wir die Hirten mit den Weisen: arm – reich, einfältig – gelehrt, schlicht – vornehm, ohnmächtig – mächtig. (Die wichtigsten Merkmale der Magier aus Babylonien sind Kennzeichen, die auch für Könige zutreffen!) An der Krippe Jesu haben alle einen Platz.
Die sonst so großen Gegensätze werden unwichtig!

wegen seiner Nähe zum Weihnachtsfest im Laufe des Januar abgeschlossen werden!
Vermutlich sprechen die Kinder von den »Heiligen drei Königen«. Wir sollten sie nur behutsam korrigieren und dabei den positiven Gehalt der Legende bedenken: Menschen aus verschiedenen Erdteilen mit unterschiedlicher Hautfarbe finden sich zur Huldigung des Kindes zusammen.

4. Baustein Liederarbeitung (2. Teil)

Wir wiederholen den schon gelernten Teil des Liedes und schließen ohne weitere Umstände die beiden letzten Strophen an:

Die zum ersten Liedteil gegebenen methodischen Hinweise gelten sinngemäß auch für den zweiten Teil.

Aus der Ferne
Zu dem Sterne
Ziehen hohe, weise Herrn.
Hört, ihr Leut! ...

Auf, geschwinde
Zu dem Kinde
Bringt ihm alle euer Herz!
Hört, ihr Leut! ...

Zur letzten Strophe können wir erklären, daß wir uns selbst aufrufen. Jesus ist für alle geboren, auch für uns.
In nächster Zeit singen wir das Lied täglich.

Unsere Textdeutung darf nicht zu einer erbaulichen Kinderpredigt entarten. Die frohe Botschaft fröhlich mitgeteilt, bedarf keiner Unterstützung durch eindrucksvolle Unterstreichungen.

5. Baustein Bildbetrachtungen

An zwei Beispielen aus der christlichen Kunst uns fremder und ferner Kulturen soll noch einmal verdeutlicht werden, daß Jesus für alle gekommen ist und daß alle zu Jesus kommen dürfen. Beide Beispiele sind entnommen aus: Arno Lehmann: Afroasiatische christliche Kunst. Konstanz: Friedrich Bahn Verlag 1967 (Bild Nr. 82 und Bild Nr. 227). Dieses Buch enthält eine Fülle weiteren Materials, das bei der Arbeit mit Vorschulkindern gut verwendet werden kann.
Zuerst betrachten wir die indianische Maria und ihr Jesuskind. Da die Kinder durch die vorherigen Bausteine sozusagen im Stoff sind, werden sie vermutlich die beiden Gestalten sofort als Maria und ihr Jesuskind identifizieren. Vielleicht entdecken sie auch die Kreuze über den Herzen. Sonst müßten wir sie darauf aufmerksam machen.

Bei den Bildbetrachtungen beachten wir den Grundsatz: Zuerst Erfassung des Ganzen, dann Behandlung von Einzelheiten, schließlich wieder Rückkehr zum Gesamteindruck. Erst wenn die Bilder für sich erfaßt sind, beziehen wir ihren Aussagegehalt in unser Thema ein, das ja keineswegs von den Künstlern bedacht ist, die naiv und unreflektiert die biblische Botschaft in ihren Kulturkreis hineinstellen und eben damit die Universalität dieser Botschaft bezeugen.

Wir könnten dann provizierend einwerfen, daß Jesus doch gar kein Indianer gewesen ist, und dann im Gespräch deutlich machen, warum die Künstler fremder Völker die Weihnachtsgeschichte in ihren Bereich einordnen. Jesus war auch kein Deutscher oder Europäer, wie wir nach vielen Darstellungen vermuten könnten!

Wir betrachten nunmehr das Bild einer japanischen Bildtafel und erklären, daß das Kind im Korb Jesus sein soll. Sodann lassen wir die Kinder raten, in welchem Land das Bild entstanden ist.

Was stimmt mit der Weihnachtsgeschichte nicht überein? Wir zählen noch einmal die Gestalten an der Krippe auf ...

Der Maler will uns sagen, daß auch Kinder zu Jesus kommen dürfen. Sicherlich sind auch damals Kinder zum Stall in Bethlehem gekommen; denn die Hirten haben ja die frohe Nachricht weitererzählt.

Wer Arno Lehmanns Sammelband oder anderes geeignetes Material zur Hand hat, könnte weitere Bilder (aber nicht zu viele!) zeigen. Besonders eindrucksvoll sind Darstellungen der afrikanischen Kunst.

Da wir durchgehend den Namen »Jesus« gebraucht haben und mit dem »Christkind« allerlei unbiblische Vorstellungen verbunden sind, wollen wir den Titel des Bildes nicht verraten.

6. Anregungen zur Weiterarbeit

Unser Modell »Alle dürfen zu Jesus kommen« ist für die Weihnachts- und Epiphaniaszeit entworfen. Deshalb steht das Jesuskind im Mittelpunkt. Das Thema ist freilich noch besser, wie vom Verfasser erprobt, an Beispielen aus der Wirksamkeit des Mannes Jesus zu entfalten. Die katechetische Arbeit der folgenden Wochen könnte beim Thema bleiben und an Hand einiger biblischer Geschichten erneut zeigen, daß alle zu Jesus kommen dürfen.

Der Übergang von der Weihnachtsgeschichte zur Botschaft vom Reden und Wirken Jesu muß bewußt geschaffen werden. Eine Kindergärtnerin, die zwischen Weihnachten und Karfreitag die katechetische Arbeit ruhen ließ, mußte mit Erschrecken den empörten Ausruf eines Kindes zur Kenntnis nehmen:

»Und dann haben sie noch das Baby ans Kreuz geschlagen!«

Sie hatte sozusagen versäumt, Jesus groß werden zu lassen.

Es ist ratsam, einige Wochen nach dem Weihnachtsfestkreis die biblische

Geschichte aus der religiösen Unterweisung auszuklammern und dann bewußt neu einzusetzen mit der ausdrücklichen Erklärung, daß das Kind im Stall zum Mann herangewachsen ist. Keineswegs ist es erforderlich, auch noch die wenigen uns überlieferten Kindheitsgeschichten, etwa die Erzählung vom Zwölfjährigen im Tempel, als Übergang zu erzählen.

Folgende biblische Geschichten erscheinen mir als besonders geeignet, unser Thema Vorschulkindern nahezubringen:
Jesus segnet die Kinder (Markus 10, 13–16)
Jesus und die zehn Aussätzigen (Lukas 17, 11–19)
Jesus und Zachäus (Lukas 19, 1–10).
In dem schon erwähnten und empfohlenen Bildband »Afroasiatische christliche Kunst«, Friedrich Bahn Verlag, Konstanz, finden wir Abbildungen zu allen drei biblischen Geschichten. Das Thema »Jesus segnet die Kinder« behandelt Reinhard Herrmann im Bilderbuch »Kommet her zu mir alle« (Gütersloher Verlagshaus Gerd Mohn). Aus der Reihe »Was die Bibel erzählt« stehen unter dem Titel »Zachäus« ein Bilderbuch und eine Dia-Serie zu Lukas 19, 1–10 zur Verfügung (Württembergische Bibelanstalt, Stuttgart).

Hans Büscher

Zum Umgang mit den Modellen

Anläßlich regionaler Tagungen und Seminare zur Auswertung der Praxiswirkungen der Zeitschrift »was + wie?« auf Vortragsreisen und beim Besuch religionspädagogischer Projektgruppen, die das »Basisprogramm religiöser Früherziehung[1] entwickelt haben, konnte der Herausgeber dieses Werkbuches sehr unterschiedliche Erkenntnisse sammeln, wie man in der Kindergarten- und Gemeindearbeit mit den Modellen und Arbeitsanregungen dieser Zeitschrift umgeht.

Neben einer leider oft anzutreffenden Praxis unreflektierter Übernahme ganzer Modellvorschläge, fast einem Abziehbild-Verfahren vergleichbar, stößt man auch auf recht »passive« Abonnentengewohnheiten des Durchblätterns, punktuellen Lesens und Vergessens; denn es ist sicher arbeitsaufwendig, in Dienstbesprechungen und Einzelstudium eine effektive Umsetzung bzw. situationsgerechte Neugestaltung einer Spiel- und Lerneinheit zu überdenken. Vielfach »hält man eine Zeitschrift«, um nicht ganz außerhalb von Informationen zu stehen, aber man arbeitet nicht mit ihrem Inhalt. Oft geht diese wenig effektive Leserhaltung auf Mängel in der Ausbildung zurück, denn nur selten lernt man es, Fachzeitschriften kritisch auszuwerten und von daher eigene Standorte zu überdenken.

Dankbar werden fast überall die Liedvorschläge aufgenommen und benutzt sowie die Medienseiten herausgetrennt und punktuell auch eingesetzt; alles andere aber bleibt weithin ungenutzt. Dabei könnte z. B. so mancher Praxisbericht schon beim ersten Durchlesen die ermutigende Wirkung haben, daß andere bei ihren religionspädagogischen Versuchen auch »nur mit Wasser kochen«.

Seit Mitte 1975 aber, dem Zeitpunkt der Ausweitung der Zeitschrift

1. Das evangelisch-katholische »Basisprogramm religiöser Früherziehung« ist in der 6. Katechetischen Spielmappe »Worüber wir staunen« in den Verlagen Christophorus/Freiburg und Ernst Kaufmann/Lahr veröffentlicht worden.

»was + wie?« zu einem großen Praxisforum religiöser Früherziehung, machte sich eine Veränderung bemerkbar. Regionale und überregionale Fortbildungsträger intensivierten ihre Kurs- und Tagungsangebote, wobei sie auch immer intensiver Elemente und Modelle aus »was + wie?« einsetzten. – Auch das 1976 spürbar anlaufende »Religionspädagogische Förderprogramm«[2] half mit zu einer größeren Lernoffenheit im religionspädagogischen Handlungsraum des Kindergartens. Immer häufer wurden seitdem dem Schriftleiter auf Lehrgängen und Tagungen Beispiele einer situationsgerechten und kreativen Umsetzung von Modellen und Arbeitsanregungen der Zeitschrift vorgelegt.

Biblische Modellgeschichten Jesu, wie sie in »was + wie?« in elementarisierter Vorform, verbunden mit Erfahrungen kindlicher Umwelt, dargeboten und empfohlen werden, treten dabei einfallsreich und in phantasievollen Variationen auf, die nicht selten auch über das knappe biblische Original (Erwachsenenfassung) kreativ aber sachgerecht hinausgehen: zum Beispiel wird die Zachäus-Geschichte weitererzählt (was tut er in den Tagen nach Jesu Besuch? Wie macht er den Schaden gut?), die Kindereinladung und Kindersegnung wird intentionsgemäß weitererzählt auf andere Gruppen hin, die in Gefahr sind, zu kurz zu kommen und ausgeschlossen zu werden (Alte, Kranke, Behinderte). Die Simeon-Erzählung mit dem bangen Erstaunen der Eltern wird vielfältig variiert, Jesu Senfbaum-Geschichte als Sensibilisierung vor Gottes kleinen Anfängen, die es wahrzunehmen gilt, auf Bäume unserer Breiten und alles, was leise wächst, übertragen und so neu erzählt (vgl. dazu Kap. I, das Erzählen, um die Phantasie der Kinder ins Spiel zu bringen; W. Neidhart).

Ein weiterer erfreulicher Zug des langsam kreativeren Umganges mit den Modellen und Anregungen aus »was + wie?« sind die in wachsender Zahl eingesandten kleinen Weiterdichtungen unserer geistlichen Kinderlieder, die als »Bastellieder« verstanden werden wollen.

Es wird von Aktionen berichtet, in denen in Weiterführung unserer Modelle und ihrer Anregungen Elemente des Evangeliums nun tatsächlich mit den Kindern »geübt« werden, denn allerlei am Evangelium kann man üben. So sind unsere Weihnachts- und Sonntagsmodelle fortgeführt worden in Begegnungen mit ausländischen Kindern, mit Spätheimkehrern und Behinderten. Es gab Feste und sich in wiederholten Treffen anbahnende Freundschaften.

2. Das »Religionspädagogische Förderprogramm«, dessen Arbeitshefte vom Comenius-Institut, Münster herausgegeben werden, entsteht im Auftrag der Evangelischen Bundesarbeitsgemeinschaft für Sozialpädagogik im Kindesalter, des Bildungspolitischen Ausschusses der Evangelischen Kirche in Deutschland und der Hauptgeschäftsstelle des Diakonischen Werkes der EKD.

Aus einem Bilderbuch-Element einer Spiel- und Lerneinheit zum Thema »Wenn einer keinen Freund hat« wuchs in einem Kindergarten ein selbstgereimtes Spiel zum Bilderbuch, das vor Eltern und Kindern gezeigt wurde.
Eine Reihe von Pastoren erklärte, gern zu den »was + wie?«-Modellen zu greifen, um daraus Anstöße für phantasievolleren Kindergottesdienst und für Familiengottesdienste zu gewinnen.
Interessant ist, daß gelegentlichen Wünschen nach mehr Theorie ebenso viele Wünsche nach weniger theoretischen Beiträgen gegenüberstehen.
Besonders erfreulich ist auch, daß die Absicht der Schriftleitung, über das Spielen und Agieren hinaus auch meditativ Kinder die tieferen Dimensionen der Welt Gottes ahnen zu lassen, von Kindergärten beider großer christlicher Kirchen und der Freikirchen aufgenommen wird; denn nach Jahren der Überschätzung der Konfliktpädagogik und der Aktionen gewinnt die Erkenntnis Raum, daß den Kindern auch die Erfahrung der Ruhe, des Schweigens als tragendes Element religiöser Wahrnehmung vermittelt werden muß. Erfahrungsberichte über das Schweigen, Singen und Beten etwa vor Bildern belegen, daß eine nicht geringe Zahl von Lesern unsere Intentionen aufgreifen.
Wenn auch gelegentlich immer noch unsere Modelle von einigen Theologen allein nach der Quantität der darin enthaltenen biblischen Erzählstoffe beurteilt werden, so scheint doch gerade durch die beharrliche Arbeitsweise, mit biblischen Elementen keimhaft umzugehen und den Praktiker zum Überdenken seiner eigenen Position und seiner religionspädagogischen Handlungsweisen zu ermutigen, ein Grund für die wachsende Verbreitung der »was + wie?«-Modelle zu liegen. Es bleibt zu wünschen, daß bei stetig intensivierter Mitarbeiterfortbildung und der Gewinnung weiterer qualifizierter Dozenten in Fachschulen und Fachhochschulen sowie bei Verbesserung der jetzt noch angespannten Personalsituation noch mehr kritische Aufmerksamkeit entsteht, die in »was + wie?« deutlich werdenden Konturen einer neuen religiösen Früherziehung zu beobachten, zu analysieren und situationsgerecht zu praktizieren.

Literatur

F. Betz: Religiöse Elemente in der Vorschulerziehung (zum RU morgen/V), München und Wuppertal 1973.
H. J. Fraas: Religiöse Erziehung und Sozialisation im Kindesalter, 2. Aufl., Göttingen 1975.
R. Goldman: Vorfelder des Glaubens, Neukirchen 1972.
M. Langeveld: Das Kind und der Glaube, Braunschweig 1964.
M. Leist: Erste Erfahrungen mit Gott, Freiburg 1971.
R. Tschirch: Gott für Kinder, 5. Aufl., Gütersloh 1977.
G. Ulmann: Kreativität, Weinheim 1968.
H. Skowronek: Lernen und Lernfähigkeit, München 1969.
W. Longardt: Spielbuch Religion, 2. Aufl., Zürich und Lahr 1977.
W. Neidhart und H. Eggenberger: Erzählbuch zur Bibel, Zürich und Lahr 1975.
B. Buschbeck und W. Failing: Religiöse Elementarerziehung, Gütersloh 1976.

Quellen

Margret W. Brown: Alle Kinder schlafen; aus: Erzähl mir was. Delphin-Verlag, Zürich.
Ursula Wölfel: Nebel; aus: Wunderwelt. Pädagogischer Verlag Schwann, Düsseldorf.
Ursula Wölfel: Neunhundert Minuten vor Geburtstag. Hoch-Verlag, Düsseldorf.

Fotonachweis

Reinhard Herrmann; aus: Die Weihnachtsgeschichte, Gütersloher Verlagshaus Gerd Mohn, Gütersloh: S. 147, 150, 151.
Erhard Jorde, Rodgau 3: S. 75.
Alwin Tölle, Rötenbach b. Neustadt: S. 14.
Roger Wrem; aus: Hanns Reich, Kinder aus aller Welt, Reich Verlag, Luzern: S. 77.

Stichwortverzeichnis